Chemie in Übersichten

Wissensspeicher für die zehnklassige allgemeinbildende polytechnische Oberschule

Volk und Wissen Volkseigener Verlag Berlin
1987

Autor: Klaus Sommer

Bei der Bearbeitung einzelner Textstellen wurden die im Verlag erschienenen Schulbücher für das Fach Chemie zugrunde gelegt.

Vom Ministerium für Volksbildung der Deutschen Demokratischen Republik als Schulbuch bestätigt.

ISBN 3-06-030907-8

3. Auflage
Ausgabe 1985
Lizenz-Nr. 203 · 1000/87 (DN 03 09 07-3)
LSV 0681
Redaktion: Edward Gutmacher
Zeichnungen: Fritz Hampel, Dieter Gröschke, Rita Schüler
Typografische Gestaltung: Rainer Dassow
Printed in the German Democratic Republic
Gesamtherstellung: Grafischer Großbetrieb Völkerfreundschaft Dresden
Schrift: 9/10 Gill Monotype
Redaktionsschluß: 15. April 1987
Bestell-Nr.: 731 239 4
Schulpreis DDR: 2,50

Protonenanzahl = Ordnungszahl	Element		Elektronenanzahl der Schale						
	Name	Symbol	1.	2.	3.	4.	5.	6.	7.
55	Zäsium	Cs	2	8	18	18	8	1	
56	Barium	Ba	2	8	18	18	8	2	
57	Lanthan	La	2	8	18	18	8+1	2	
58	Zer	Ce	2	8	18	18+1	8+1	2	
59	Praseodym	Pr	2	8	18	18+2	8+1	2	
60	Neodym	Nd	2	8	18	18+3	8+1	2*	
61	Promethium	Pm	2	8	18	18+4	8+1	2*	
62	Samarium	Sm	2	8	18	18+5	8+1	2*	
63	Europium	Eu	2	8	18	18+6	8+1	2*	
64	Gadolinium	Gd	2	8	18	18+7	8+1	2	
65	Terbium	Tb	2	8	18	18+8	8+1	2	
66	Dysprosium	Dy	2	8	18	18+9	8+1	2	
67	Holmium	Ho	2	8	18	18+10	8+1	2	
68	Erbium	Er	2	8	18	18+11	8+1	2	
69	Thulium	Tm	2	8	18	18+12	8+1	2*	
70	Ytterbium	Yb	2	8	18	18+13	8+1	2*	
71	Lutetium	Lu	2	8	18	18+14	8+1	2	
72	Hafnium	Hf	2	8	18	32	8+2	2	
73	Tantal	Ta	2	8	18	32	8+3	2	
74	Wolfram	W	2	8	18	32	8+4	2	
75	Rhenium	Re	2	8	18	32	8+5	2	
76	Osmium	Os	2	8	18	32	8+6	2	
77	Iridium	Ir	2	8	18	32	8+7	2	
78	Platin	Pt	2	8	18	32	8+8	2*	
79	Gold	Au	2	8	18	32	8+9	2*	
80	Quecksilber	Hg	2	8	18	32	8+10	2	
81	Thallium	Tl	2	8	18	32	18	3	
82	Blei	Pb	2	8	18	32	18	4	
83	Wismut	Bi	2	8	18	32	18	5	
84	Polonium	Po	2	8	18	32	18	6	
85	Astat	At	2	8	18	32	18	7	
86	Radon	Rn	2	8	18	32	18	8	
87	Franzium	Fr	2	8	18	32	18	8	1
88	Radium	Ra	2	8	18	32	18	8	2
89	Aktinium	Ac	2	8	18	32	18	8+1	2
90	Thorium	Th	2	8	18	32	18+1	8+1	2*
91	Protaktinium	Pa	2	8	18	32	18+2	8+1	2*
92	Uran	U	2	8	18	32	18+3	8+1	2*
93	Neptunium	Np	2	8	18	32	18+4	8+1	2*
94	Plutonium	Pu	2	8	18	32	18+5	8+1	2*
95	Amerizium	Am	2	8	18	32	18+6	8+1	2*
96	Curium	Cm	2	8	18	32	18+7	8+1	2*
97	Berkelium	Bk	2	8	18	32	18+8	8+1	2*
98	Kalifornium	Cf	2	8	18	32	18+9	8+1	2*
99	Einsteinium	Es	2	8	18	32	18+10	8+1	2*
100	Fermium	Fm	2	8	18	32	18+11	8+1	2*
101	Mendelevium	Md	2	8	18	32	18+12	8+1	2*
102	Nobelium	No	2	8	18	32	18+13	8+1	2*
103	Lawrencium	Lr	2	8	18	32	18+14	8+1	2*
104	Kurtschatowium	(Ku)	2	8	18	32	32	8+2	2*
105	Nielsbohrium	(Ns)	2	8	18	32	32	8+3	2*

Bei diesen Elementen bestehen bei den Atomen Abweichungen in der Anordnung der neu hin-
ukommenden Elektronen oder ist die Anordnung derselben nicht gesichert.

tomaufbau der Elemente

Inhalt

Zur Einführung

In diesem Wissensspeicher ist der Unterrichtsstoff des Faches Chemie, der in der zehnklassigen allgemeinbildenden polytechnischen Oberschule behandelt wird, in knapper und übersichtlicher Form enthalten.
Der Inhalt ist, unabhängig von der Reihenfolge der Behandlung im Unterricht, nach Sachgebieten zusammengefaßt und zahlreichen Schlagwörtern zugeordnet. Das Auffinden wird durch das Inhaltsverzeichnis und das ausführliche Register erleichtert.

In diesem Buch werden folgende Symbole verwendet:

■	Beispiel
↗	Hinweis auf ein anderes Schlagwort
Ph i Üb	Physik in Übersichten
Ma i Üb	Mathematik in Übersichten
Bio i Üb	Biologie in Übersichten

Grundbegriffe der Chemie 1

1.1. Chemie und ihre Teilgebiete

Chemie

Wissenschaft von den Stoffen, ihrem Aufbau, ihren Eigenschaften und den Reaktionen, die zu anderen Stoffen führen.
Die Chemie wird in Teilgebiete untergliedert, die sich in ihrem Aufgabenbereich und ihren Arbeitsmethoden unterscheiden, zwischen denen es aber Übergänge und Grenzgebiete gibt.

Teilgebiete der Chemie

Teilgebiet	Untersuchungsgegenstand
Anorganische Chemie	Elemente und ihre Verbindungen (mit Ausnahme der meisten Kohlenstoffverbindungen)
Organische Chemie	Kohlenstoffverbindungen (mit Ausnahme der Oxide des Kohlenstoffs, der Kohlensäure und ihrer Salze, der Karbide sowie einiger anderer einfacher Kohlenstoffverbindungen)
Allgemeine Chemie	Bau der Stoffe, chemische Bindung, allgemeine Eigenschaften der Stoffe, chemische Reaktionen der Stoffe
Physikalische Chemie	Physikalische Erscheinungen und Gesetzmäßigkeiten bei chemischen Reaktionen, Beeinflussung chemischer Reaktionen durch physikalische Einwirkungen
Technische Chemie	Überführung chemischer Erkenntnisse und Arbeitstechniken in technisch nutzbare Verfahren und die dazu notwendigen apparativen Ausrüstungen
Analytische Chemie	Qualitative und quantitative Bestimmung der Stoffe und ihrer Zusammensetzung
Präparative Chemie	Darstellung der Stoffe

➡ 1/2

Betrachtungsweisen in der Chemie

Die Betrachtung von Stoffen und ihren Teilchen sowie von chemischen Reaktionen ist auf zweierlei Weise möglich:

Makroskopische Betrachtungsweise: Betrachtung größerer Stoffportionen.

■ Begriffe: Stoff, Metall, Nichtmetall, Mineral; Aggregatzustand, Farbe, Härte, Schmelztemperatur, Siedetemperatur, Dichte

Submikroskopische Betrachtungsweise: Betrachtung der Teilchen.

■ Begriffe: Atom, Ion, Molekül; Stoffmenge, Oxydationszahl, Elektronegativitätswert

Einige Begriffe können sowohl makroskopisch als auch submikroskopisch betrachtet werden.

■ Chemisches Element, chemische Verbindung, chemische Reaktion; Masse, Energie

1.2. Einteilung der Stoffe

Übersicht über die Stoffe

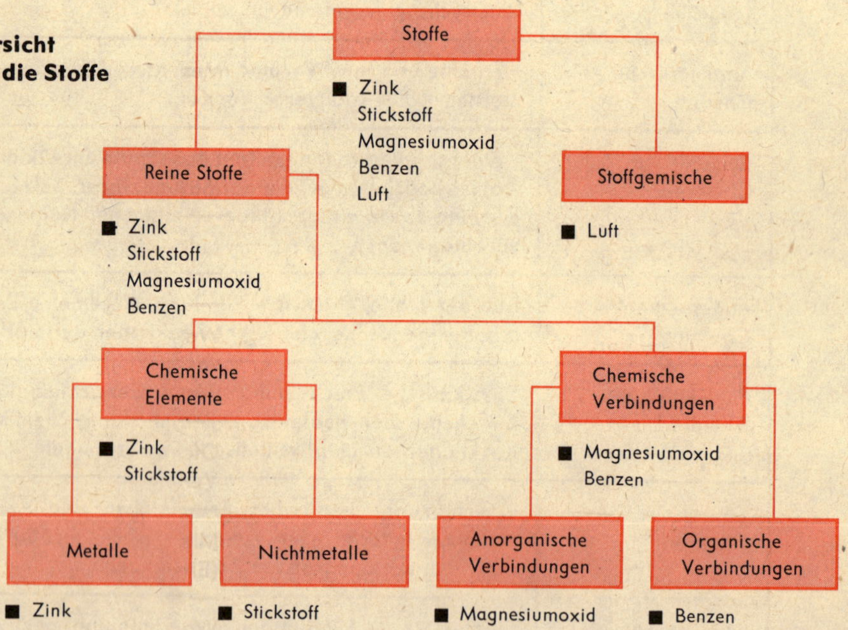

Stoff

Größere Anhäufung von Teilchen (Atomen, Ionen, Molekülen), die untereinander in Wechselwirkung stehen; befindet sich im festen, flüssigen oder gasförmigen

Aggregatzustand. Ein Stoff besitzt typische Eigenschaften, die den Teilchen, aus denen er aufgebaut ist, nicht zukommen (z. B. Dichte, Härte, Aggregatzustand, Schmelztemperatur) und die meist auch nicht Summen von Teilcheneigenschaften darstellen. Andererseits lassen sich viele Stoffeigenschaften auf Teilcheneigenschaften zurückführen (z. B. Wertigkeit).

Reiner Stoff (Substanz)

Stoff, der aus gleichen Teilchen (Atomen, Ionen, Molekülen) besteht.

■ Sauerstoff besteht aus Sauerstoffmolekülen.
Natriumchlorid besteht aus Natrium-Ionen und Chlorid-Ionen (im Verhältnis 1 : 1).

Stoffgemisch

Stoff, der aus Teilchen verschiedener Stoffe besteht.

■ Luft besteht aus Stickstoffmolekülen, Sauerstoffmolekülen und anderen Teilchen.
Wäßrige Glukoselösung besteht aus Glukose- und Wassermolekülen.

Bezeichnungen für Stoffgemische

Aggregatzustand	Bezeichnung	■
fest	**Legierung**	Messing (Kupfer, Zink)
flüssig	**Lösung**	Säurelösung (Säure, Wasser)
gasförmig	**Gasgemisch**	Luft (Stickstoff, Sauerstoff, andere Gase)
fest/flüssig	**Suspension** (Aufschlämmung)	Wasser aus Blumenvasen (Pflanzenteilchen, Wasser)
fest/gasförmig	**Rauch**	Ofenrauch (Asche, Ruß, Verbrennungsgase)
flüssig/flüssig	**Emulsion**	Milch (Eiweiß, Fett, Wasser)
flüssig/gasförmig	**Nebel**	Wolken (Wassertröpfchen, Luft)
gasförmig/flüssig	**Schaum**	Schlagsahne (Luft, Sahne)

➡ 1/2

Chemisches Element

Reiner Stoff, der nicht in andere Stoffe zerlegt werden kann (makroskopische Betrachtungsweise).
Atomart, die durch eine bestimmte konstante Protonenanzahl gekennzeichnet ist (submikroskopische Betrachtungsweise).

↗ Betrachtungsweisen in der Chemie S. 8

Metall

Stoff (chemisches Element), der als charakteristische Eigenschaften hohe Wärmeleitfähigkeit, hohe elektrische Leitfähigkeit und metallischen Glanz besitzt und sich in der Regel durch Walzen, Schmieden, Pressen und Ziehen umformen läßt.
Metalle lassen sich nach verschiedenen Gesichtspunkten einteilen:

Einteilungsprinzip	Einteilung	
Dichte	**Leichtmetalle** $\left(\varrho < 5\,\frac{g}{cm^3}\right)$ ■ Natrium $\left(\varrho = 0{,}97\,\frac{g}{cm^3}\right)$	**Schwermetalle** $\left(\varrho > 5\,\frac{g}{cm^3}\right)$ ■ Eisen $\left(\varrho = 7{,}86\,\frac{g}{cm^3}\right)$
Schmelztemperatur	**niedrigschmelzende Metalle** ($\vartheta_s < 1\,000$ °C) ■ Zinn ($\vartheta_s = 232$ °C)	**hochschmelzende Metalle** ($\vartheta_s > 1\,000$ °C) ■ Kupfer ($\vartheta_s = 1\,083$ °C)
Chemische Beständigkeit	**edle Metalle** (reagieren nicht mit Säurelösungen unter Wasserstoffentwicklung) ■ Silber, Gold	**unedle Metalle** (reagieren mit Säurelösungen unter Wasserstoffentwicklung) ■ Natrium, Eisen
Verwendung in der Technik	**Eisenmetalle** (auch Schwarzmetalle) ■ Eisen, Mangan	**Nichteisenmetalle** (auch Buntmetalle) ■ Kupfer, Zinn

↗ Eigenschaften der Hauptgruppenelemente S. 37

Nichtmetall

Stoff (chemisches Element), der keine oder nur einzelne der metallischen Eigenschaften besitzt.
Nichtmetalle haben meist geringe Wärmeleitfähigkeit und geringe elektrische Leitfähigkeit.

■ Chlor, Sauerstoff, Schwefel, Stickstoff, Phosphor, Wasserstoff.

↗ Eigenschaften der Hauptgruppenelemente S. 37

Chemische Verbindung

Reiner Stoff, in dem mindestens zwei chemische Elemente miteinander verbunden sind. Zwischen den Massen der Elemente in der Verbindung besteht ein bestimmtes (stöchiometrisches) Verhältnis (makroskopische Betrachtungsweise).
Verband aus mehreren Atomen oder Ionen, die durch chemische Bindungen zusammengehalten werden (submikroskopische Betrachtungsweise).

↗ Betrachtungsweisen in der Chemie S. 8; Chemische Bindung S. 26

Anorganische Verbindungen

Chemische Verbindungen der Elemente (mit Ausnahme der meisten Kohlenstoffverbindungen).

■ Klassen anorganischer Stoffe

Klasse	■ Name	Formel
Oxid	Aluminiumoxid	Al_2O_3
Säure	Schwefelsäure	H_2SO_4
Base	Kalziumhydroxid	$Ca(OH)_2$
Salz	Natriumchlorid	NaCl

Organische Verbindungen

Chemische Verbindungen des Elements Kohlenstoff (mit Ausnahme der Oxide, der Kohlensäure und ihrer Salze, der Karbide sowie einiger anderer einfacher Kohlenstoffverbindungen).

■ Klassen organischer Stoffe

Klasse	Homologe Reihe	Struktur-merkmal	■ Name	Formel
Kohlen-wasser-stoffe	Alkane	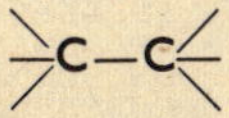	Äthan	CH_3-CH_3

➡ 1/2

Klasse	Homologe Reihe	Strukturmerkmal	■ Name	Formel
Kohlenwasserstoffe	Alkene	$\rangle C{=}C\langle$	Äthen	$CH_2{=}CH_2$
	Alkine	$-C{\equiv}C-$	Äthin	$CH{\equiv}CH$
Alkohole	Alkanole	$-OH$	Äthanol	CH_3-CH_2-OH
Aldehyde	Alkanale	$-C\begin{smallmatrix} {=}O \\ {-}H \end{smallmatrix}$	Äthanal	$CH_3-C\begin{smallmatrix} {=}O \\ {-}H \end{smallmatrix}$
Karbonsäuren	Alkansäuren	$-C\begin{smallmatrix} {=}O \\ {-}OH \end{smallmatrix}$	Äthansäure	$CH_3-C\begin{smallmatrix} {=}O \\ {-}OH \end{smallmatrix}$

Mineralien

Chemisch einheitlich zusammengesetzte, natürliche Stoffe der Erdkruste; meist im festen, kristallinen Zustand.

■ Quarz, Steinsalz
Mineralwässer (unterirdisch vorkommende Wässer, die meist gelöste Mineralien oder Gase enthalten).

Gesteine

Mineralien oder Gemische von Mineralien mit annähernd gleichbleibender Zusammensetzung.

■ Kalkstein (besteht überwiegend aus dem Mineral Kalzit)
Granit (besteht überwiegend aus den Mineralien Feldspat, Quarz und Glimmer)

Erze

Mineralien oder Gesteine, die sich in technischer und ökonomischer Hinsicht zur Herstellung von Metallen eignen.

■ Roteisenstein, Bauxit (Aluminiumerz), Bleiglanz

↗ Bergbauprodukte S. 129

1.3. Chemische Zeichensprache

Symbol

Chemisches Zeichen für ein chemisches Element.

Aussage eines Symbols	■ Fe
– Ein chemisches Element	Das Element Eisen
– Ein Atom eines chemischen Elements	1 Atom Eisen
– Die Stoffmenge 1 mol eines Elements	1 mol Fe

↗ Chemische Elemente S. 59; Periodensystem der Elemente

Schreibweisen des Symbols

Schreibweisen des Symbols	■ Chlor	■ Kalzium
Ohne Angabe der Außenelektronen	Cl	Ca
Mit Angabe der Außenelektronen (Elektronenschreibweise)	$:\overset{\cdot\cdot}{\underset{\cdot\cdot}{Cl}}\cdot$ oder $\vert\overline{\underline{Cl}}\cdot$	$\cdot Ca\cdot$

Angaben am Symbol

An einem Symbol können vier verschiedene Angaben vermerkt sein: Nukleonenzahl, Protonenanzahl, Ionenladung, Anzahl der Atome.

Nukleonenanzahl	**Symbol**	Ionenladung
Protonenanzahl		Anzahl der Atome

■ Symbol für Kohlenstoffatome — Chemisches Zeichen für Kalzium-Ionen — Formel für Sauerstoffmoleküle

Nukleonenanzahl, Protonenanzahl: $^{12}_{6}C$ Ionenladung: Ca^{2+} Anzahl der Atome: O_2

➡ 1/3

Formel

Chemisches Zeichen für eine chemische Verbindung und auch für ein chemisches Element, dessen Moleküle aus mindestens zwei Atomen bestehen; ist aus Symbolen zusammengesetzt.

Aussage einer Formel	■ CO_2
– Eine chemische Verbindung und ihre Zusammensetzung aus Elementen (oder ein Element)	Die Verbindung Kohlendioxid und ihre Zusammensetzung aus den Elementen Kohlenstoff und Sauerstoff
– Ein Molekül (oder eine gedachte Baugruppe) einer Verbindung sowie das Zahlenverhältnis der Teilchen	1 Molekül Kohlendioxid und das Zahlenverhältnis 1 : 2 seiner Atome
– Die Stoffmenge 1 mol einer Verbindung oder eines Elements	1 mol CO_2

Schreibweisen der Formel

Schreibweisen der Formel	■ Wasserstoff	■ Natriumchlorid
Ohne Angabe der Außenelektronen	H_2	NaCl
Mit Angabe der Außenelektronen (Elektronenschreibweise)	H : H oder H—H	$[\mathrm{Na}]^{+}\ [:\overset{..}{\underset{..}{\mathrm{Cl}}}\ ]^{-}$

Chemische Zeichen für Ionen

Chemische Zeichen für Ionen werden wie die Zeichen für Elemente oder für Verbindungen gebildet. Die Angabe der Ladung der Ionen erfolgt rechts oben in arabischen Ziffern mit nachgestelltem Plus- oder Minuszeichen (Ziffer 1 entfällt).

Einfache Ionen

■ Ca^{2+}
Zeichen für das Kalzium-Ion

Cl^-
Zeichen für das Chlorid-Ion

Zusammengesetzte Ionen

■ NH_4^+
Zeichen für das Ammonium-Ion

SO_4^{2-}
Zeichen für das Sulfat-Ion

In Elektronenschreibweise werden die chemischen Zeichen für Ionen in eckige Klammern gesetzt:

$[Na]^{+}$

Zeichen für das Natrium-Ion

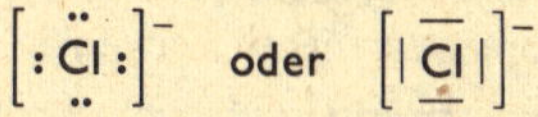

Zeichen für das Chlorid-Ion

Formeln für Verbindungen mit Ionenbeziehung geben das Zahlenverhältnis der Ionen an. Die Zeichen für zusammengesetzte Ionen werden in der Formel in Klammern gesetzt, wenn sie mehrfach enthalten sind.

$CaCl_2$ Kalziumchlorid	Die Formel gibt an, daß im Kalziumchlorid Kalzium-Ionen und Chlorid-Ionen im Verhältnis 1 : 2 enthalten sind.
$Al_2(SO_4)_3$ Aluminiumsulfat	Die Formel gibt an, daß im Aluminiumsulfat Aluminium-Ionen und Sulfat-Ionen im Verhältnis 2 : 3 enthalten sind.

Arten von Formeln

Summenformel: einfachste Art der Formel, gibt die Zusammensetzung einer Verbindung an, läßt aber keine Aussagen über die Bindungsart zwischen den Atomen oder Ionen sowie über die Struktur der Teilchen zu.

$CaCl_2$
Summenformel für Kalziumchlorid

C_3H_8
Summenformel für Propan

Strukturformel: Formel, die Zusammensetzung und Aussagen über die Struktur des Moleküls einer Verbindung oder eines Elements angibt; stellt jedoch nicht die räumliche Anordnung der Atome dar.

H—H
Strukturformel für Wasserstoff

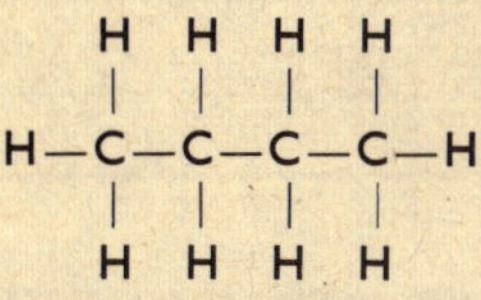

Strukturformel für Butan

Vereinfachte Strukturformel: vereinfachte Schreibweise der Strukturformel, wird vor allem bei organischen Verbindungen verwendet.

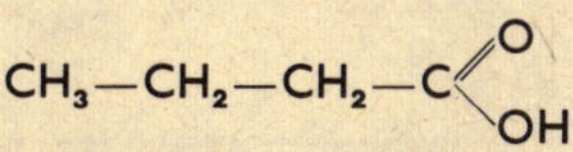 oder 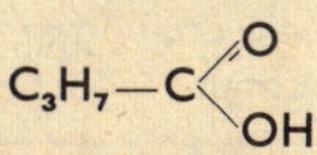 oder C_3H_7COOH

vereinfachte Strukturformeln für Butansäure (Buttersäure)

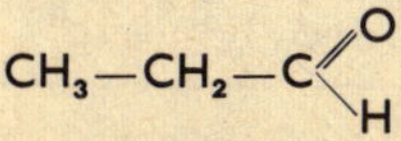 oder 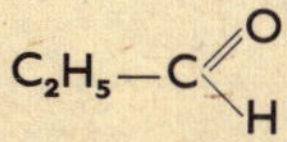 oder C_2H_5CHO

vereinfachte Strukturformeln für Propanal (Propionaldehyd)

➡ 1/3

Aufstellen von Formeln (Schrittfolge)

Für Verbindungen aus zwei Elementen, wenn jedes Element nur in einer stöchiometrischen Wertigkeit vorliegt:

Schritte	■ Aufstellen der Formel für Aluminiumoxid	
1. Ermitteln der Symbole der Elemente, aus denen die Verbindung besteht	Al	O
2. Ermitteln der Wertigkeit der Elemente, aus denen die Verbindung besteht	Al^{III}	O^{II}
3. Berechnen des kleinsten gemeinsamen Vielfachen der Wertigkeiten	6	
4. Ermitteln, wie oft die Wertigkeiten im kleinsten gemeinsamen Vielfachen enthalten sind	2mal	3mal
5. Angeben des Zahlenverhältnisses, in dem die Teilchen beider Elemente in der Verbindung enthalten sind	2 :	3
6. Zusammenstellen der Formel	Al_2O_3	

Für Verbindungen, die in wäßriger Lösung Ionen enthalten:

Schritte	■ Aufstellen der Formel für Aluminiumsulfat	
1. Ermitteln der chemischen Zeichen der Ionen, die in wäßriger Lösung enthalten sind	Al^{3+}	SO_4^{2-}
2. Ermitteln der Anzahl der Ladungen der Ionen	3	2
3. Berechnen des kleinsten gemeinsamen Vielfachen der Anzahl der Ladungen	6	
4. Ermitteln, wie oft die Ladungen der Ionen im kleinsten gemeinsamen Vielfachen enthalten sind	2mal	3mal
5. Angeben des Zahlenverhältnisses, in dem die Ionen vorliegen	2 :	3
6. Zusammenstellen der Formel	$Al_2(SO_4)_3$	

Chemische Gleichung

Anordnung von chemischen Zeichen, die die qualitativen und quantitativen Änderungen bei einer chemischen Reaktion veranschaulicht.

Aussage einer chemischen Gleichung	■ $CH_4 + 2\,O_2 \longrightarrow CO_2 + 2\,H_2O$
– Die Reaktion von Ausgangsstoffen zu Reaktionsprodukten	Methan reagiert mit Sauerstoff zu Kohlendioxid und Wasser.
– Die Anzahl der Teilchen, die miteinander reagieren und nach der Reaktion vorliegen	Ein Molekül Methan reagiert mit zwei Molekülen Sauerstoff zu einem Molekül Kohlendioxid und zwei Molekülen Wasser.
– Die Stoffmengen in mol, die miteinander reagieren und nach der Reaktion vorliegen	1 mol CH_4 reagiert mit 2 mol O_2 zu 1 mol CO_2 und 2 mol H_2O.

Zwischen den Stoffmengen der Reaktionspartner bei chemischen Reaktionen, den entsprechenden Massen und bei Gasen auch den Volumen besteht Proportionalität.
Auf der Grundlage der chemischen Gleichung lassen sich deshalb mit Hilfe von Größengleichungen die entsprechenden Massen und Volumen berechnen:

Berechnung von Massen und Volumen	■ $CH_4 + 2\,O_2 \longrightarrow CO_2 + 2\,H_2O$
– Die Massen der Reaktionspartner	16 g Methan reagieren mit 64 g Sauerstoff zu 44 g Kohlendioxid und 36 g Wasser.
– Bei Gasen die Volumen der Reaktionspartner	22,4 l Methan reagieren mit 44,8 l Sauerstoff zu 22,4 l Kohlendioxid und 44,8 l Wasserdampf.

↗ Stöchiometrisches Rechnen S. 56

Im allgemeinen werden als Faktoren die kleinstmöglichen ganzen Zahlen verwendet.
Die Reaktionswärme wird hinter der chemischen Gleichung mit dem Formelzeichen Q angegeben.

■ $2\,SO_2 + O_2 \rightleftarrows 2\,SO_3; \quad Q = -198\ \text{kJ}$

↗ Reaktionswärme S. 40

➡ 1/3

Arten von chemischen Gleichungen

Chemische Gleichung für chemische Reaktionen:

Angabe der Reaktionspartner (Elemente und Verbindungen) durch Symbole und Formeln.

- **Gleichung mit Summenformeln**

$Ca + 2\,HCl \longrightarrow CaCl_2 + H_2$

- **Gleichung in ausführlicher Ionenschreibweise**

Angabe der Reaktionspartner, die in wäßriger Lösung Ionen enthalten, mit chemischen Zeichen für Ionen.

$Ca + 2\,H^+ + 2\,Cl^- \longrightarrow Ca^{2+} + 2\,Cl^- + H_2$

- **Gleichung in verkürzter Ionenschreibweise**

Angabe der Reaktionspartner mit chemischen Zeichen für Ionen, wobei die Reaktionspartner, die vor und nach der Reaktion unverändert vorliegen, weggelassen werden; verdeutlicht besser die Art der chemischen Reaktion.

$Ca + 2\,H^+ \longrightarrow Ca^{2+} + H_2$

- **Gleichung mit Strukturformeln**

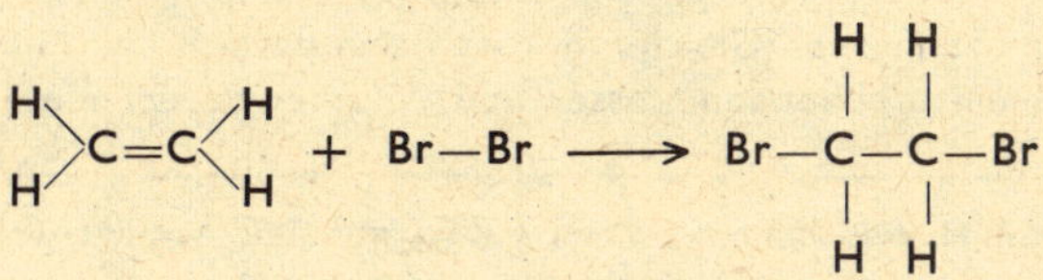

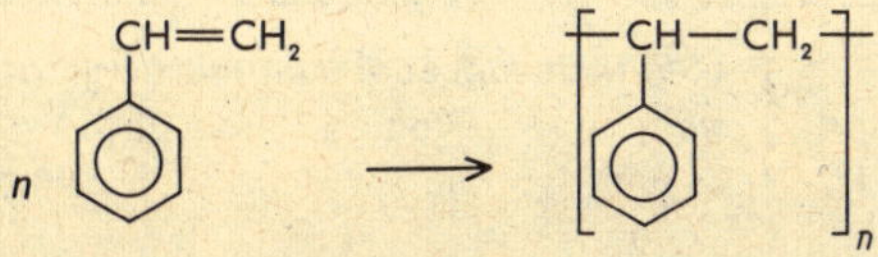

Chemische Gleichung für Bildung oder Entladung von Ionen:

Angabe von Elektronenübergängen unter Verwendung des Symbols e^- für Elektronen.

- $Ca \longrightarrow Ca^{2+} + 2\,e^-$

$2\,H^+ + 2\,e^- \longrightarrow H_2$

Chemische Gleichung für die elektrolytische Dissoziation:

Angabe der elektrolytischen Dissoziation von chemischen Verbindungen in frei bewegliche Ionen.

- $CaCl_2 \rightleftarrows Ca^{2+} + 2\,Cl^-$

Aufstellen chemischer Gleichungen (Schrittfolge)

Schritte	Oxydation von Methan
1. Ermitteln der chemischen Zeichen für Ausgangsstoffe und Reaktionsprodukte	$CH_4 + O_2 (\longrightarrow) CO_2 + H_2O$
2. Ausgleichen durch Auffinden der Faktoren	1 Atom Kohlenstoff in 1 Molekül Methan — 1 Atom Kohlenstoff in 1 Molekül Kohlendioxid
Überprüfen, ob auf jeder Seite der Gleichung von den beteiligten Atomen der Elemente die gleiche Anzahl vermerkt ist.	4 Atome Wasserstoff in 1 Molekül Methan — 2 Atome Wasserstoff in 1 Molekül Wasser **Schlußfolgerung:** $2 \cdot 2$ Atome = 4 Atome Wasserstoff $CH_4 + O_2 (\longrightarrow) CO_2 + 2\,H_2O$
	2 Atome Sauerstoff in 1 Molekül Sauerstoff — 4 Atome Sauerstoff in 1 Molekül Kohlendioxid und 2 Molekülen Wasser **Schlußfolgerung:** $2 \cdot 2$ Atome = 4 Atome Sauerstoff $CH_4 + 2\,O_2 \longrightarrow CO_2 + 2\,H_2O$
3. Zusammenstellen der chemischen Gleichung (Kontrolle durchführen!)	$CH_4 + 2\,O_2 \longrightarrow CO_2 + 2\,H_2O$

➡ 1/3

Aufstellen chemischer Gleichungen in Ionenschreibweise (Schrittfolge)

Schritte	Reaktion von Schwefeltrioxid mit Wasser
1. Entwickeln der chemischen Gleichung für die chemische Reaktion	$SO_3 + H_2O \longrightarrow H_2SO_4$
2. Aufschreiben der chemischen Zeichen der Stoffe, die nicht dissoziieren	SO_3 H_2O
3. Ermitteln der chemischen Zeichen der Ionen der dissoziierten Stoffe mit ihren Faktoren	$2\,H^+$ SO_4^{2-}
4. Zusammenstellen der chemischen Gleichung in Ionenschreibweise (Kontrolle durchführen!)	$SO_3 + H_2O \longrightarrow 2\,H^+ + SO_4^{2-}$

Aufstellen chemischer Gleichungen für die elektrolytische Dissoziation (Schrittfolge)

Schritte	Dissoziation von Schwefelwasserstoff
1. Aufstellen der Formel für die chemische Verbindung	H_2S
2. Ermitteln der Anzahl der positiven Ionen und deren Ladung	$2\,H^+$
3. Ermitteln der Anzahl der negativen Ionen und deren Ladung	S^{2-}
4. Zusammenstellen der chemischen Gleichung (Kontrolle durchführen!)	$H_2S \rightleftharpoons 2\,H^+ + S^{2-}$

↗ Elektrolytische Dissoziation S. 48

2 Bau der Stoffe – Periodensystem der Elemente

2.1. Modelle als Mittel zur Erkenntnisgewinnung

Modell

Vereinfachtes Bild der Wirklichkeit; Darstellung eines komplizierten Gegenstands oder Vorgangs auf eine einfachere und übersichtlichere Weise. Ein Modell gibt nur einige, für die Betrachtung wichtige Seiten richtig wieder. Die aus dem Modell gewonnenen Erkenntnisse lassen sich auf ähnliche Fälle übertragen.
Für denselben Sachverhalt können zur Untersuchung verschiedener Eigenschaften unterschiedliche Modelle entwickelt werden. Modelle können bildliche und räumliche Darstellungen, Zeichen, mathematische Aussagen oder Kombinationen davon umfassen.
In der Chemie werden vor allem Modelle von Stoffstrukturen, Strukturen von Teilchen und der chemischen Bindung genutzt.

↗ Atommodelle S. 21; Molekülmodelle S. 22; Kristallmodelle S. 22

Atommodelle

Veranschaulichungen des Baus der Atome; geben das Atom in ausgewählten, wesentlichen Eigenschaften wieder. Atommodelle berücksichtigen zum einen die komplizierte Bewegung und den Aufenthaltsraum der Elektronen, zum anderen die Energieverhältnisse.
Die unterschiedlichen Atommodelle spiegeln die historische Entwicklung des wissenschaftlichen Erkenntnisstandes vom Bau der Atome wider.

■ **Atommodell nach Dalton (1766 bis 1844):** Atome eines Elements als gleichartige kugelförmige Teilchen.

Atommodell nach Thomson (1856 bis 1940): Atom als positiv elektrisch geladene Wolke, an deren Oberfläche die negativ elektrisch geladenen Elektronen verteilt sind.

Atommodell nach Rutherford (1871 bis 1937): Atom besteht aus dem positiv elektrisch geladenen Kern und den negativ elektrisch geladenen Elektronen, die den Kern in der Atomhülle umlaufen.

Atommodell nach Bohr (1885 bis 1962): Atom besteht aus dem positiv elektrisch geladenen Kern und den negativ elektrisch geladenen Elektronen, die eine bestimmte Energie haben und sich in der Atomhülle nur auf bestimmten Kreisbahnen bewegen, ohne Energie zu verlieren.

➡ 2/2

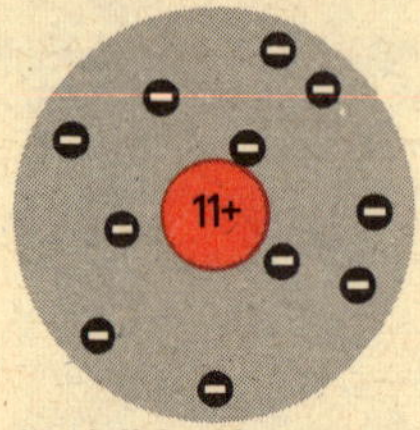

Modell für das Natriumatom
nach *Rutherford*

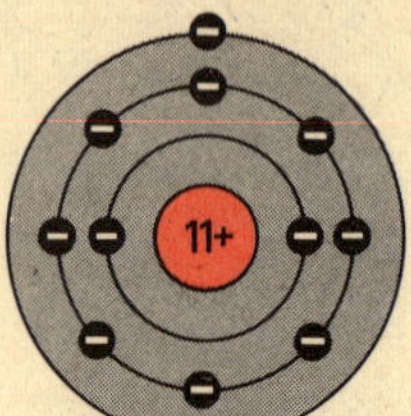

Modell für das Natriumatom
nach *Bohr*

Weiterentwicklung des Atommodells: entstand nach Forschungsergebnissen von *Sommerfeld* (1868 bis 1951), *Heisenberg* (1901 bis 1976), *Born* (1882 bis 1970), *Schrödinger* (1887 bis 1961) und anderen; beschreibt den Atomzustand durch mathematische Funktionen.

Molekülmodelle

Veranschaulichungen des Baus der Moleküle; geben die Zusammensetzung eines Moleküls aus Atomen, die räumliche Anordnung der Atome im Molekül oder auch die Raumerfüllung eines Moleküls wieder.

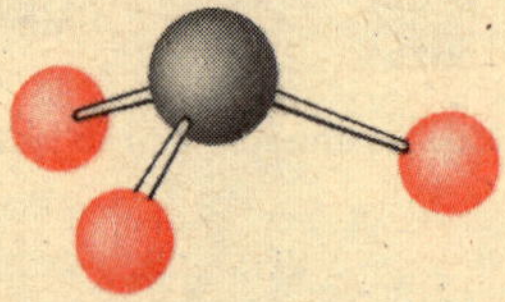

Kugel-Stab-Modell

Kalottenmodell

Kristallmodelle

Veranschaulichungen der Gitterstruktur von Kristallen; geben die räumliche Anordnung von Ionen, Atomen oder Molekülen im Kristall wieder.
Die Teilchen können durch unterschiedliche Kugeln dargestellt werden, die eine annähernd maßstabgerechte Größen- und Entfernungswiedergabe ermöglichen, oder durch mit Stäben verbundene Kugeln, die die geometrische Form des Gitters verdeutlichen.

↗ Atomkristall S. 31; Molekülkristall S. 31; Ionenkristall S. 32; Metallkristall S. 32

2.2. Elementarteilchen – Bausteine der Stoffe

Elementarteilchen

Kleinste bekannte Bausteine der Natur; gelten als nicht aus anderen Teilchen zusammengesetzt; besitzen sowohl Eigenschaften von Teilchen als auch von Wellen.
Unter geeigneten Bedingungen können aus einem oder mehreren Elementarteilchen andere entstehen.

Name	Symbol	Ladung	Masse (bezogen auf Masse des Protons)
Proton	p	+ 1	1
Neutron	n	0	1
Elektron	e^-	−1	$\frac{1}{1836}$
Positron	e^+	+1	$\frac{1}{1836}$

↗ Elementarteilchen, Ph i Üb S. 233

Proton

Positiv elektrisch geladenes Elementarteilchen im Atomkern. Die Protonenanzahl ist für jedes Element charakteristisch. Sie stellt die Anzahl der positiven elektrischen Ladungen dar. Durch die Protonenanzahl ist auch die Stellung der Elemente im Periodensystem festgelegt. Die Protonenanzahl ist der Ordnungszahl gleich.

Protonenanzahl = Ordnungszahl

Elektron

Negativ elektrisch geladenes Elementarteilchen in der Atomhülle, das sich mit sehr großer Geschwindigkeit um den Atomkern bewegt. Die Anzahl der Elektronen in der Atomhülle des elektrisch neutralen Atoms ist der Protonenanzahl des Atomkerns gleich. Es gilt:

Protonenanzahl = Elektronenanzahl ≙ Ordnungszahl

↗ Ordnungszahl S. 35

Atom

Teilchen, das durch chemische Reaktionen nicht zerlegt werden kann.
Atome bestehen aus dem **Atomkern** und aus der **Atomhülle**. Im elektrisch neutralen Atom ist die Anzahl der Elektronen (negativ elektrisch geladen) in der Atomhülle gleich der Anzahl der Protonen (positiv elektrisch geladen) im Atomkern.

↗ Isotope, Ph i Üb S. 224

Atomkern

Teil des Atoms, der sich im Zentrum des Atoms befindet und positiv elektrisch geladen ist; vereinigt in sich fast die gesamte Masse des Atoms; besteht aus Protonen und Neutronen.

↗ Atomkern, Ph i Üb S. 222

2/2 ←

Atomhülle

Raum, der durch alle zu einem Atom gehörenden Elektronen gebildet wird. Die Elektronen sind in der Atomhülle nach ihrer Energie geordnet. Elektronen mit annähernd gleicher Energie werden Energieniveaus zugeordnet. Aufenthaltsräume von Elektronen mit gleichem Energieniveau werden als **Elektronenschalen** bezeichnet.

Modell des Aufenthaltsraums des Elektrons beim Wasserstoff

Zu jedem Energieniveau kann eine bestimmte größte Anzahl von Elektronen gehören:

Energieniveau	Höchstanzahl der Elektronen
1	2
2	8
3	18
4	32

Die Energie der Elektronen wird durch **Energieniveauschemas** veranschaulicht:

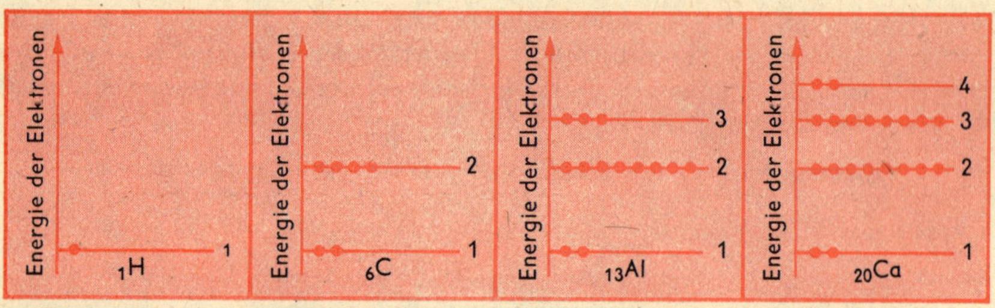

Energieniveauschema für das Wasserstoffatom — Energieniveauschema für das Kohlenstoffatom — Energieniveauschema für das Aluminiumatom — Energieniveauschema für das Kalziumatom

↗ Energieniveauschema, Ph i Üb S. 217

Außenelektronen

Elektronen, die die äußerste besetzte Elektronenschale bilden. Die Atome aller Elemente haben höchstens 8 Außenelektronen.
Außenelektronen der Atome bestimmen weitgehend die chemischen Reaktionen der Elemente. Sie können an der Ausbildung chemischer Bindungen beteiligt sein.

↗ Chemische Bindung S. 26

Ionen

Positiv oder negativ elektrisch geladene Teilchen; sind in wäßrigen Lösungen und in Schmelzen frei beweglich.
Ionen entstehen aus Atomen oder Atomgruppen durch Aufnahme oder Abgabe von Elektronen. Nach ihrer Ladung werden negative Ionen und positive Ionen, nach ihrem Aufbau einfache Ionen und zusammengesetzte Ionen unterschieden.

■

Energieniveauschema des Natriumatoms

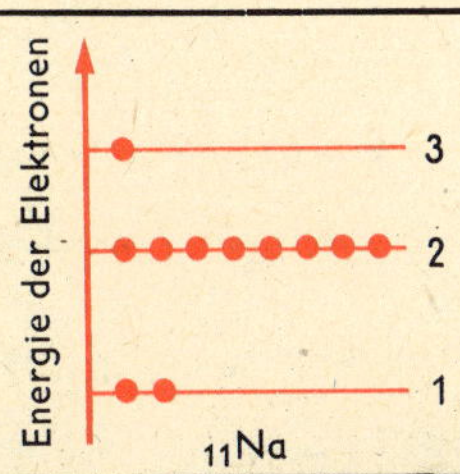

Energieniveauschema des Natrium-Ions

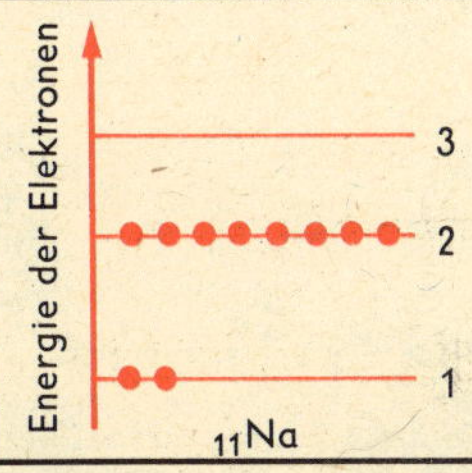

■

Energieniveauschema des Chloratoms

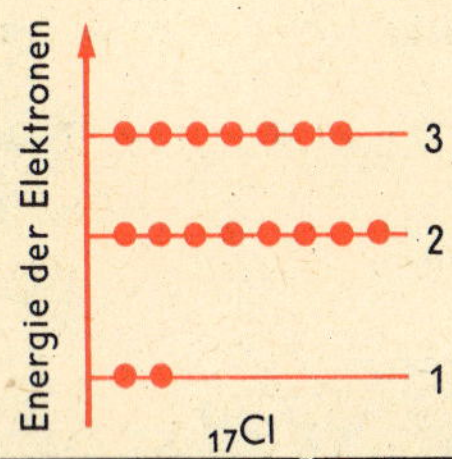

Energieniveauschema des Chlorid-Ions

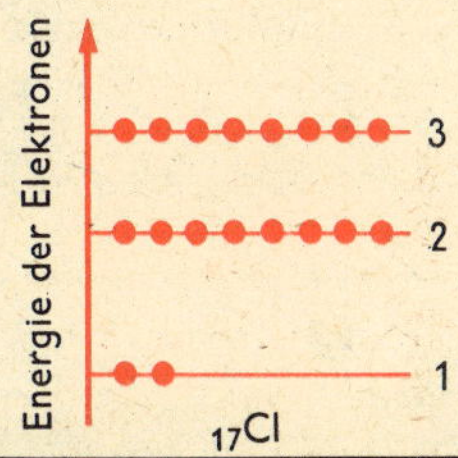

Negativ elektrisch geladene Ionen (Anionen)

■

Cl^-	CH_3COO^-	SO_4^{2-}	OH^-
Chlorid-Ion	Azetat-Ion	Sulfat-Ion	Hydroxid-Ion
einfaches Ion	**zusammengesetzte Ionen**		

Positiv elektrisch geladene Ionen (Kationen)

■

Na^+	Mg^{2+}	NH_4^+
Natrium-Ion	Magnesium-Ion	Ammonium-Ion
einfache Ionen		**zusammengesetztes Ion**

Moleküle

Stabile Teilchen, die aus einer begrenzten Anzahl von Atomen bestehen, zwischen denen Atombindung vorliegt.

↗ Molekülmodell S. 22; Atombindung S. 26; Molekülkristall S. 31

Makromoleküle

Moleküle, die aus vielen (bis zu mehreren tausend) gleichen oder unterschiedlichen Molekülen entstanden sind; ihre relative Molekülmasse ist größer als 10 000.

↗ Makromolekulare Werkstoffe S. 106

2.3. Chemische Bindung

Chemische Bindung

Zusammenhalt der Teilchen innerhalb eines Stoffes durch anziehende (und abstoßende) Kräfte.
Bei der chemischen Bindung sind folgende Arten zu unterscheiden: **Atombindung, Ionenbeziehung** und **Metallbindung**. Meist sind die tatsächlich auftretenden chemischen Bindungen Übergänge oder Kombinationen dieser Arten.

Atombindung

Chemische Bindung, die durch gemeinsame Elektronenpaare zwischen Atomen bewirkt wird; kann sowohl zwischen gleichartigen als auch zwischen verschiedenartigen Atomen auftreten, hauptsächlich zwischen Atomen von Nichtmetallen. Atombindung liegt in Atomkristallen und in Molekülen vor. Zwischen den Molekülen vieler Stoffe wirken nur sehr schwache Anziehungskräfte.

↗ Atomkristall S. 31; Molekülkristall S. 31

- Einfachbindungen im Molekül

Modell des Methanmoleküls

CH_4

Formel des Methans

- Doppelbindung und Einfachbindungen im Molekül

Modell des Äthenmoleküls

$H_2C{=}CH_2$

vereinfachte Strukturformel des Äthens

■ Dreifachbindung und Einfachbindungen im Molekül

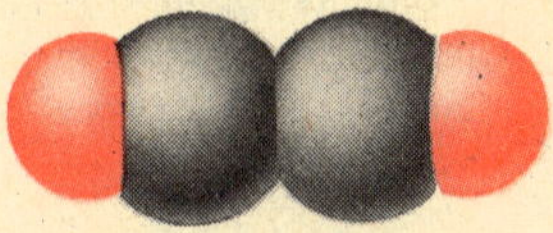

Modell des Äthinmoleküls

$HC{\equiv}CH$

vereinfachte Strukturformel des Äthins

■ Bindungen im Benzenmolekül (Einfachbindungen und Elektronensextett)

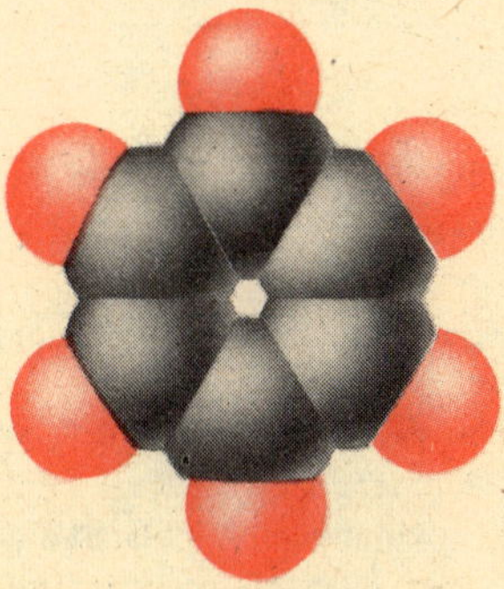

Modell des Benzenmoleküls

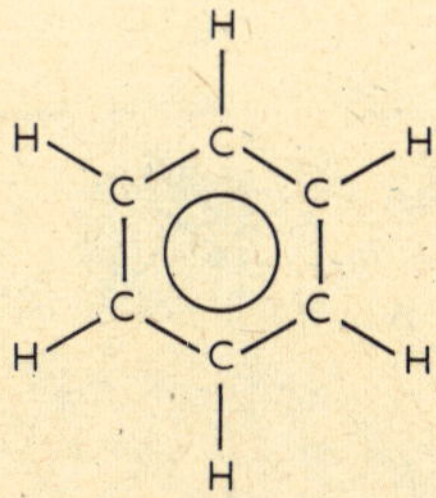

Strukturformel des Benzens

vereinfachte Strukturformel des Benzens

Polare Atombindung

Atombindung, bei der das gemeinsame Elektronenpaar von den miteinander verbundenen Atomen verschieden stark angezogen wird.

■

Modell des Chlorwasserstoffmoleküls

(+) (−)

H—C̈l :
  ··

Formel des Chlorwasserstoffs in Elektronenschreibweise mit Angabe der Ladungsschwerpunkte im Molekül

■

Modell des Wassermoleküls

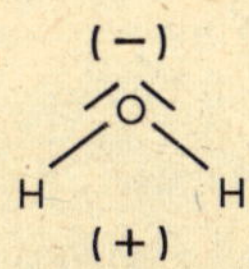

Formel des Wassers in Elektronenschreibweise mit Angabe der Ladungsschwerpunkte im Molekül

↗ Übergang von der Atombindung zur Ionenbeziehung S. 28

➡ 2/3

Ionenbeziehung

Chemische Bindung, die durch Anziehungskräfte zwischen entgegengesetzt elektrisch geladenen Ionen bewirkt wird. Die Kräfte wirken nach allen Richtungen des Raumes.
Ionenbeziehung liegt hauptsächlich in Ionenkristallen vor.

↗ Ionenkristall S. 32

Übergang von der Atombindung zur Ionenbeziehung

Chemische Bindung	■	Merkmale	
Atombindung	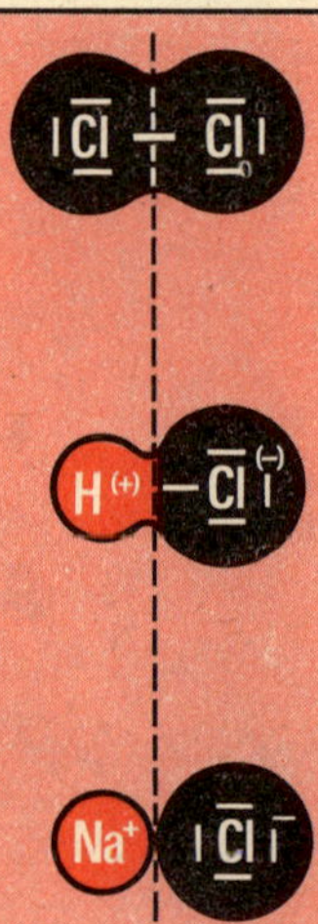	Elektronenpaar gehört in gleicher Weise beiden Atomen.	Verschiebung des Elektronenpaars
polare Atombindung		Elektronenpaar wird von einem Atom stärker beansprucht als vom anderen.	Zunahme der Polarität der chemischen Bindung
Ionenbeziehung		Elektronenpaar gehört vollständig zu einem Atom, so daß Ionen entstehen.	

↗ Elektronegativitätswert S. 28

Elektronegativitätswert

Vergleichswert, der angibt, wie stark die Atome unterschiedlicher Elemente untereinander gemeinsame Elektronenpaare anziehen.

↗ Elektronegativitätswerte, Periodensystem der Elemente am Schluß des Buches

Aus der Differenz der Elektronegativitätswerte der Elemente läßt sich die Polarität der chemischen Bindung zwischen den Teilchen (Atomen, Ionen) abschätzen.

Differenz kleiner als 1,7: Atombindung überwiegt

Differenz größer als 1,7: Ionenbeziehung überwiegt

Name	Chlor	Chlorwasserstoff	Natriumchlorid
Formel	Cl_2	HCl	$NaCl$
Elektronegativitätswerte	Cl 3,0 Cl 3,0	H 2,1 Cl 3,0	Na 0,9 Cl 3,0
Differenz der EN-Werte	0	0,9	2,1
Überwiegende Bindungsart	Atombindung (unpolar)	Atombindung (polar)	Ionenbeziehung

Metallbindung

Chemische Bindung, die durch elektrische Anziehungskräfte zwischen Metall-Ionen und frei beweglichen Elektronen bewirkt wird. Die frei beweglichen Elektronen bedingen die elektrische Leitfähigkeit der Metalle. Metallbindung liegt in Metallkristallen vor.

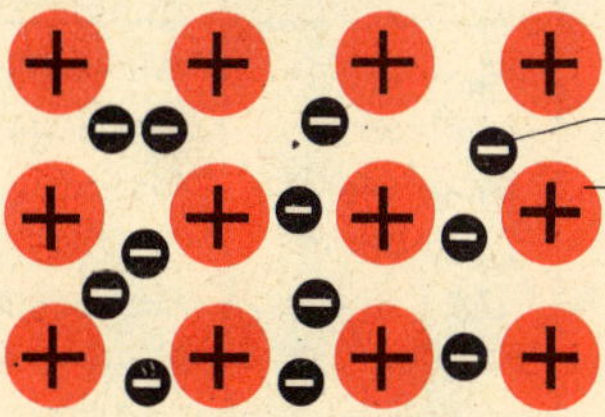

Modell eines Metallkristalls (ebene Darstellung)

↗ Metallkristall S. 32

Vergleich der Bindungsarten

Art der chemischen Bindung	Atombindung	Ionenbeziehung	Metallbindung
Merkmale der chemischen Bindung	gemeinsame Elektronenpaare; Anziehung zwischen den Atomen gerichtet	Anziehung zwischen elektrisch entgegengesetzt geladenen Ionen; wirkt nach allen Richtungen des Raumes	Anziehung zwischen elektrisch positiv geladenen Metall-Ionen und frei beweglichen Elektronen
Beteiligte Teilchen	Atome	Ionen	Ionen, Elektronen

➡ 2/4

2.4. Struktur der Stoffe

Struktur

Aufbau eines Stoffes; Merkmal ist die räumliche Anordnung der Teilchen (Atome, Moleküle, Ionen), aus denen der Stoff besteht; wird durch die Art der chemischen Bindung zwischen den Teilchen bedingt. Die Struktur eines Stoffes ist in den verschiedenen Aggregatzuständen unterschiedlich.

Kristall

Festkörper mit geometrisch regelmäßig angeordneten Teilchen, wie Atomen, Ionen oder Molekülen.
Die räumliche Anordnung der Teilchen im Kristall wird durch das **Kristallgitter** veranschaulicht. Physikalische Eigenschaften fester Stoffe, wie elektrische Leitfähigkeit, Löslichkeit, Härte, Schmelztemperatur, Verformbarkeit, sind in erster Linie von der Art des Kristallgitters abhängig.

Art des Kristalls	**Atomkristall**	**Molekülkristall**	**Metallkristall**	**Ionenkristall**
Beispiele fester kristalliner Stoffe	Diamant, Silizium, Bor	Wasser, fest (Eis) Kohlendioxid, fest Jod Schwefel Zucker	Metalle wie Natrium, Magnesium, Aluminium, Eisen und Kupfer	Salze wie Chloride; Oxide wie Kalziumoxid; Hydroxide wie Natriumhydroxid
Teilchen	Atome	Moleküle	Ionen, Elektronen	Ionen
Chemische Bindung	Atombindung	Atombindung innerhalb der Moleküle und schwache Anziehungskräfte zwischen den Molekülen	Metallbindung	Ionenbeziehung
Flächenhafte Darstellung des Baus der Kristalle	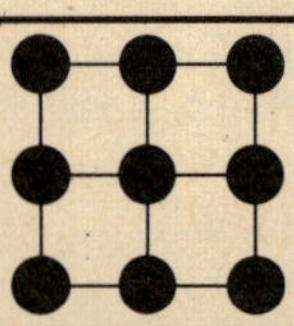	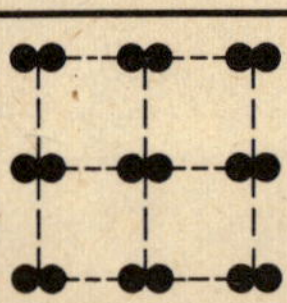	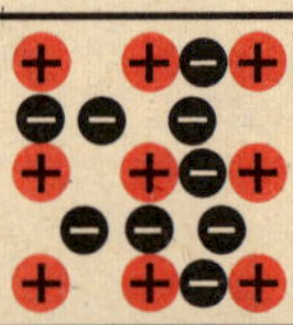	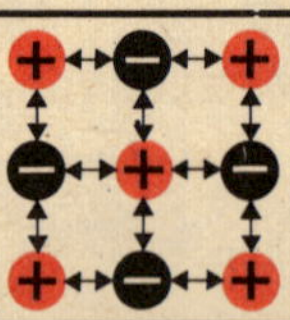

Atomkristall

Kristall, in dem Atombindungen zwischen den Atomen bestehen.

Diamant, Graphit, Silizium

Diamant bildet einen Kristall aus tetraederförmig angeordneten Kohlenstoffatomen, die durch Atombindungen miteinander verbunden sind.

Räumliche Anordnung der Kohlenstoffatome im Atomkristall des Diamants

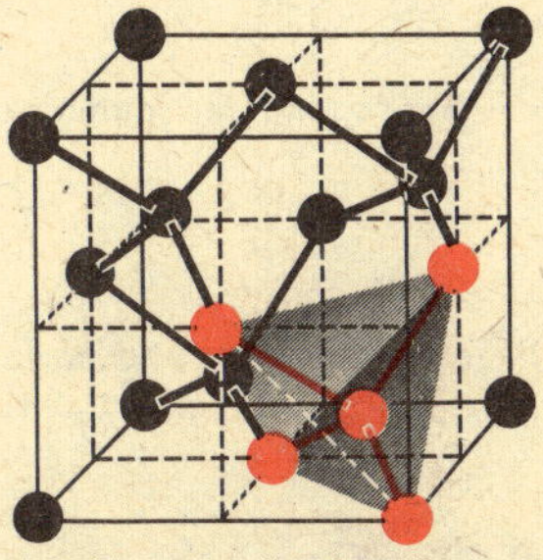

Vereinfachtes Modell des Atomgitters beim Diamant

↗ Atombindung S. 26; Kohlenstoff S. 72

Graphit bildet einen Kristall aus ebenen Schichten von Kohlenstoffatomen, die wabenförmig angeordnet und durch Atombindungen miteinander verbunden sind.
Zwischen den übereinandergelagerten Schichten wirken nur schwache Anziehungskräfte.

Räumliche Anordnung der Kohlenstoffatome im Atomkristall des Graphits

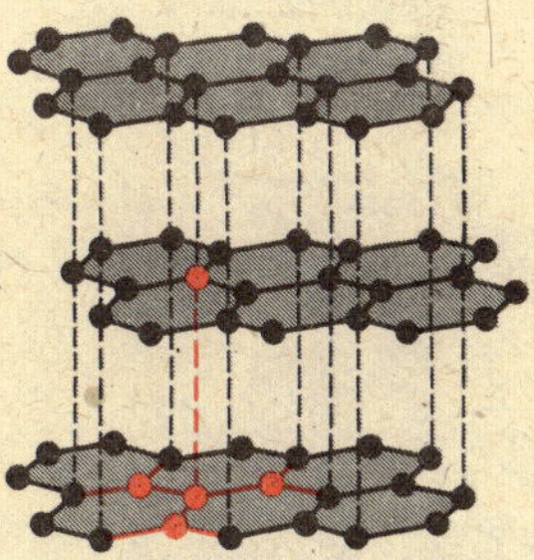

Vereinfachtes Modell des Atomgitters beim Graphit

↗ Atombindung S. 26; Kohlenstoff S. 72

Molekülkristall

Kristall, in dem Moleküle durch schwache Anziehungskräfte zusammengehalten werden; in den Molekülen sind die Atome durch Atombindungen miteinander verbunden.

➡ 2/4

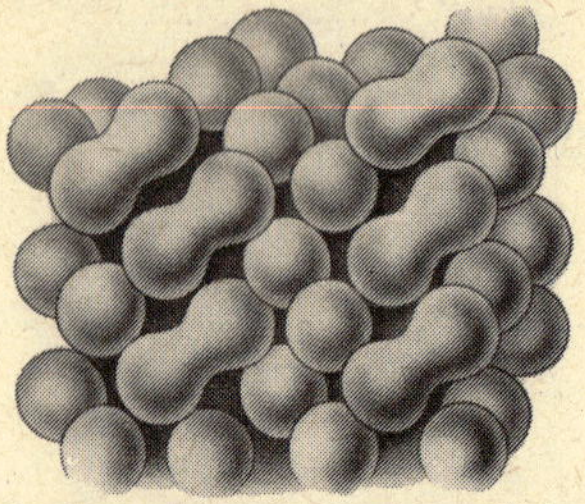

Räumliche Anordnung der Jodmoleküle im Molekülkristall

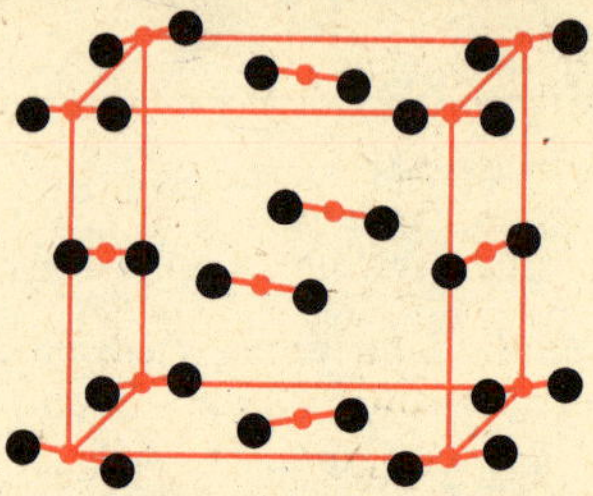

Vereinfachtes Modell des Molekülgitters beim Jod

Ionenkristall

Kristall, in dem positiv und negativ elektrisch geladene Ionen durch Anziehungskräfte zusammengehalten werden.

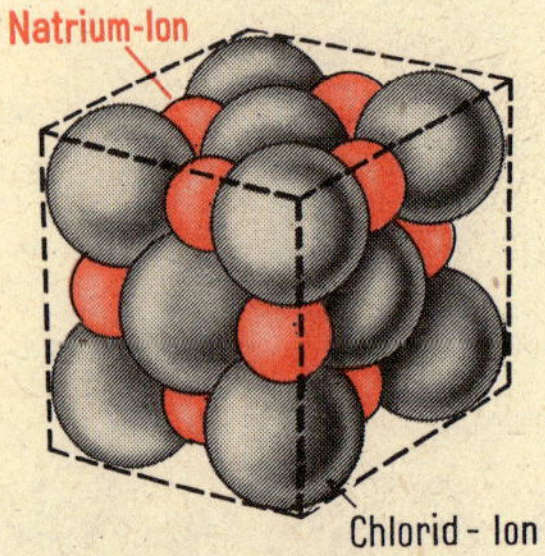

Räumliche Anordnung der Ionen im Ionenkristall des Natriumchlorids

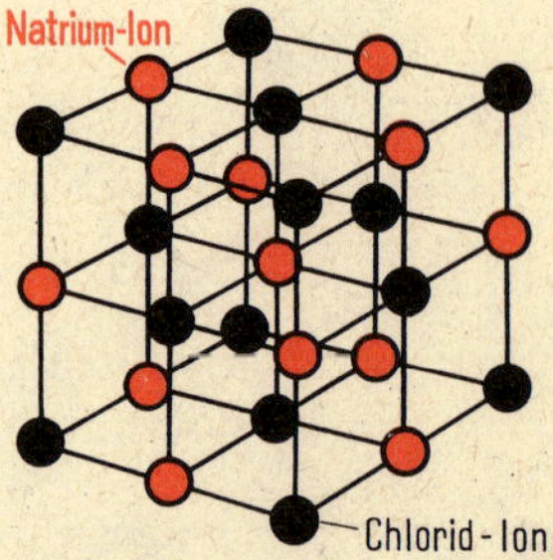

Vereinfachtes Modell des Ionengitters beim Natriumchlorid

Metallkristall

Kristall, in dem positiv elektrisch geladene Metall-Ionen und frei bewegliche Elektronen durch Anziehungskräfte zusammengehalten werden.

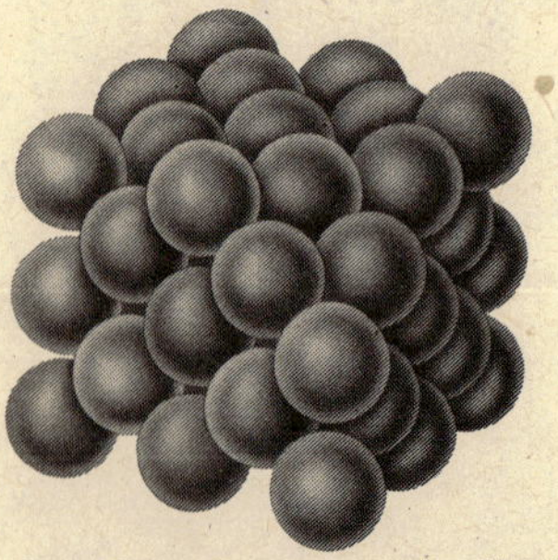

Räumliche Anordnung der Kupfer-Ionen im Metallkristall des Kupfers

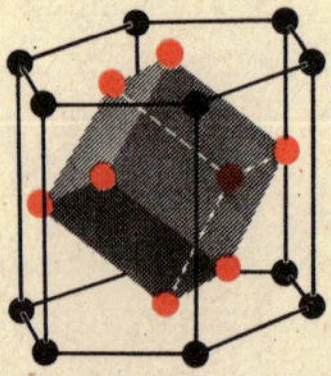

Vereinfachtes Modell des Metallgitters beim Kupfer

↗ Metallbindung S. 29

2.5. Wertigkeit

Stöchiometrische Wertigkeit

Zahl, die angibt, wieviel Wasserstoffatome ein Atom eines Elements binden oder in einem Molekül einer Verbindung ersetzen kann.

↗ Übersicht S. 36, 59

Die stöchiometrische Wertigkeit kann durch eine hochgestellte römische Ziffer angegeben werden.

■ Na^{I} einwertiges Natrium
Fe^{III} dreiwertiges Eisen

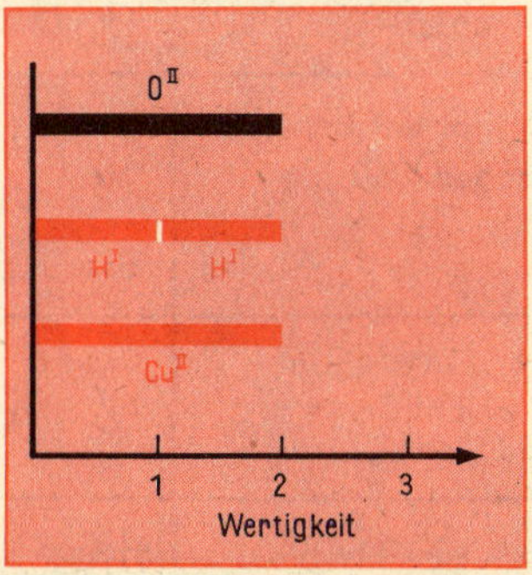

In der Verbindung Wasser ist Sauerstoff zweiwertig, denn ein Sauerstoffatom bindet zwei Wasserstoffatome.
In der Verbindung Kupfer(II)-oxid ist Kupfer zweiwertig, denn ein Kupferatom ersetzt zwei Wasserstoffatome.

Ionenladung (Ionenwertigkeit)

Angabe, wieviel positive oder negative elektrische Ladungen ein Ion besitzt.
Die Ionenladung wird durch eine hochgestellte arabische Ziffer mit nachgestelltem Plus- oder Minuszeichen angegeben.

■ Wasserstoff-Ion H^{+}: eine positive elektrische Ladung
Sulfat-Ion SO_4^{2-}: zwei negative elektrische Ladungen

Oxydationszahl

Angabe, welche Ionenladung ein Element in einer Verbindung hätte, wenn die Verbindung aus einfachen Ionen aufgebaut wäre. Die Oxydationszahlen können als arabische Ziffern mit positivem oder negativem Vorzeichen über dem Symbol angegeben werden.

■ $\overset{+4}{S}\overset{-2}{O_2}$

➡ 2/6

Festlegungen beim Bestimmen von Oxydationszahlen

Es gilt für	die Festlegung	■
Elemente	Oxydationszahl: ± 0	$\overset{\pm 0}{Cu}$ $\overset{\pm 0}{Cl_2}$
Elemente in Verbindungen – Metalle	Oxydationszahl ist positiv und entspricht der Wertigkeit	$\overset{+2}{Cu}\,\overset{-2}{O}$
– Wasserstoff – Sauerstoff	Oxydationszahl: +1 Oxydationszahl: −2	$\overset{+1}{H_2}\,\overset{-2}{O}$
einfache Ionen	Oxydationszahl entspricht der elektrischen Ladung	$\overset{+1}{Na^+}$ $\overset{-1}{Br^-}$
zusammengesetzte Ionen	Summe aller Oxydationszahlen entspricht der elektrischen Ladung	$\overset{-3}{N}\,\overset{+1}{H_4^+}$
Moleküle von Verbindungen	Summe aller Oxydationszahlen ist gleich Null	$\overset{+4}{C}\,\overset{-2}{O_2}$
elektrisch neutrale Atomgruppen (gedacht bei organischen Verbindungen)	Summe aller Oxydationszahlen ist gleich Null	$-\overset{-1}{C}\,\overset{+1}{H_2}\overset{-2}{O}\,\overset{+1}{H}$

↗ Redoxreaktion S. 44

2.6. Periodensystem der Elemente

Gesetz der Periodizität

Gesetz, auf dem das Periodensystem der Elemente beruht: Die Periodizität der Eigenschaften der chemischen Elemente ist durch den Atombau der Elemente begründet.

Periodensystem der Elemente (PSE)

Übersicht, in der die chemischen Elemente auf der Grundlage ihres Atombaus geordnet sind (*Mendelejew* 1869; *Meyer* 1869).

■ Angaben für jedes Element im Periodensystem der Elemente dieses Buches.

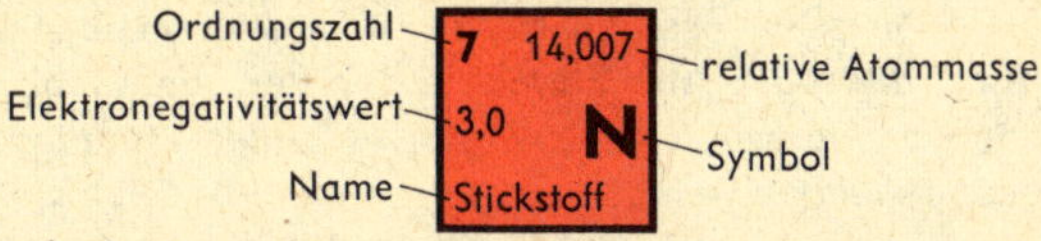

↗ Periodensystem der Elemente

Ordnungszahl

Zahl, die die Reihenfolge der Elemente im Periodensystem kennzeichnet. Dabei gilt:

Ordnungszahl $\widehat{=}$ **Protonenanzahl** = **Elektronenanzahl**

Die Stellung jedes Elements im Periodensystem ist im Atombau begründet.

Zusammenhang zwischen		■ Schwefel	
Atombau	Stellung des Elements im Periodensystem	Atombau	Stellung des Elements im Periodensystem
Anzahl der Protonen = Anzahl der Elektronen $\widehat{=}$	**Ordnungszahl**	16 Protonen 16 Elektronen	Ordnungszahl 16
Anzahl der besetzten Elektronenschalen $\widehat{=}$ **Nummer der äußeren Elektronenschale** $\widehat{=}$	**Nummer der Periode**	3 besetzte Elektronenschalen 3. Elektronenschale	3. Periode
Anzahl der Außenelektronen $\widehat{=}$	**Nummer der Hauptgruppe**	6 Außenelektronen	VI. Hauptgruppe

Perioden

Waagerechte Reihen im Periodensystem.
Elemente, deren Atome dieselbe Anzahl besetzter Elektronenschalen haben, stehen in derselben Periode.

Anzahl der besetzten Elektronenschalen $\widehat{=}$ **Nummer der äußeren Elektronenschale** $\widehat{=}$ **Nummer der Periode**

➡ 2/6

Gruppen

Senkrechte Reihen im Periodensystem. Jede Gruppe ist in eine **Hauptgruppe** und in eine **Nebengruppe** unterteilt. Alle Elemente der Perioden 1 bis 3 sind Hauptgruppenelemente. In den Perioden 4 bis 7 gibt es außer Hauptgruppenelementen auch Nebengruppenelemente.
Hauptgruppenelemente, deren Atome die gleiche Anzahl Außenelektronen besitzen, stehen in derselben Hauptgruppe.

Anzahl der Außenelektronen ≙ Hauptgruppennummer

↗ Periodensystem der Elemente

Hauptgruppennummer und stöchiometrische Wertigkeit

Die höchste Wertigkeit der Elemente der I. bis VII. Hauptgruppe gegenüber dem Element Sauerstoff entspricht der Gruppennummer.
Die Wertigkeit der Elemente der I. bis IV. Hauptgruppe gegenüber dem Element Wasserstoff entspricht der Gruppennummer; in den Hauptgruppen V bis VII ergibt sie sich aus der Differenz zwischen der Zahl 8 und der Gruppennummer.

Hauptgruppennummer	I	II	III	IV	V	VI	VII
■ Sauerstoffverbindung	Na_2O	CaO	Al_2O_3	CO_2	N_2O_5	SO_3	Cl_2O_7
Höchste stöchiometrische Wertigkeit gegenüber dem Element Sauerstoff	I	II	III	IV	V	VI	VII
■ Wasserstoffverbindung	NaH	CaH_2	AlH_3	CH_4	NH_3	SH_2 (H_2S)	ClH (HCl)
Stöchiometrische Wertigkeit gegenüber dem Element Wasserstoff	I	II	III	IV	III	II	I

Periodische Änderung des Baus der Atomhülle der Elemente

In den Perioden ändert sich die Anzahl der Außenelektronen in den Atomen der Hauptgruppenelemente mit steigender Ordnungszahl jeweils um 1. Beim Übergang von einer Periode zur nächstfolgenden ändert sich die Anzahl der Außenelektronen in den Atomen sprunghaft von 8 auf 1.

Die Anzahl der Außenelektronen in den Atomen ändert sich bei den Hauptgruppenelementen mit steigender Ordnungszahl periodisch.

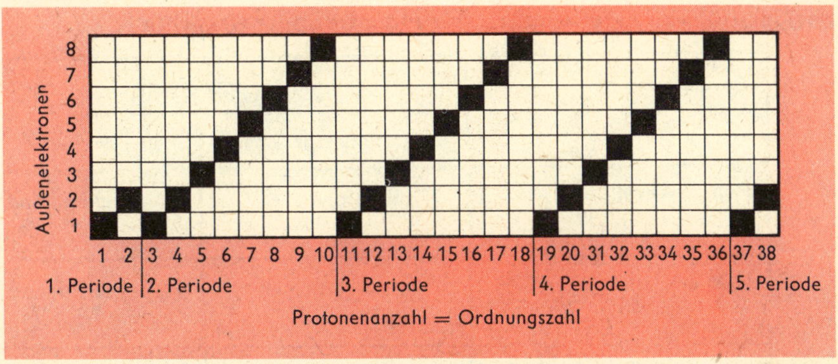

Eigenschaften der Hauptgruppenelemente

In den Hauptgruppen nehmen mit steigender Ordnungszahl die metallischen Eigenschaften der Elemente zu, die nichtmetallischen ab. In den Perioden nehmen mit steigender Ordnungszahl die metallischen Eigenschaften der Elemente ab, die nichtmetallischen zu.

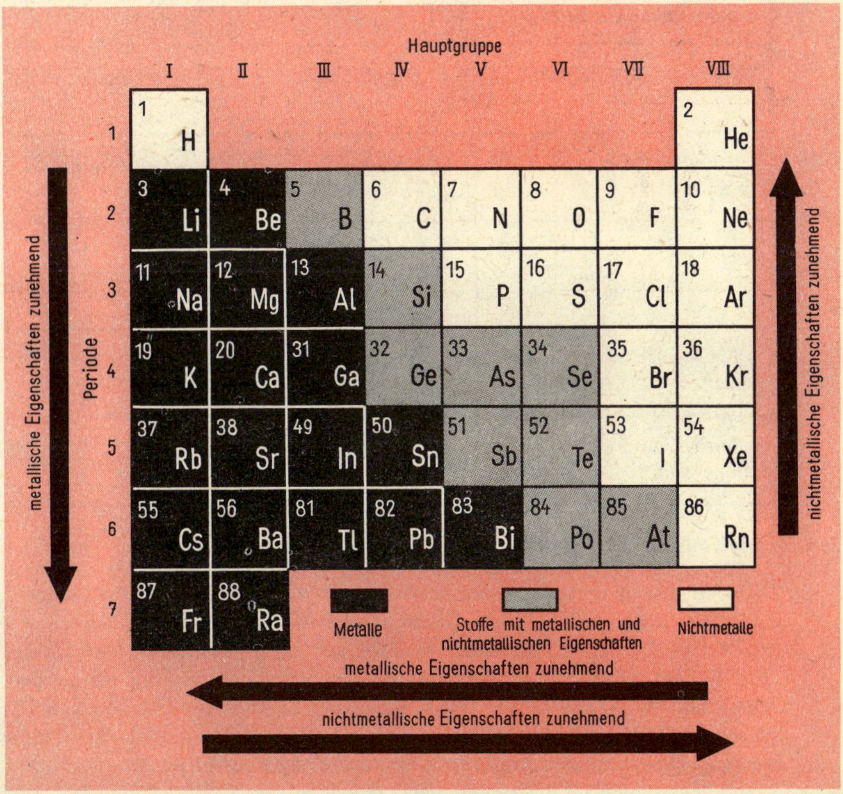

➡ 2/6

Periodizität von Eigenschaften der Hauptgruppenelemente

Eigenschaften der Atome	Änderungen	
	in den **Hauptgruppen**	in den **Perioden**
Protonenanzahl	↓ zunehmend	→ zunehmend
Elektronegativitätswert	↑ im allgemeinen zunehmend	→ zunehmend
Höchste stöchiometrische Wertigkeit gegenüber dem Element Sauerstoff	gleichbleibend	I VII → zunehmend
Stöchiometrische Wertigkeit gegenüber dem Element Wasserstoff	gleichbleibend	I IV VII → ← zunehmend
Eigenschaften der Stoffe		
Metallische Eigenschaften	↓ zunehmend	← zunehmend
Nichtmetallische Eigenschaften	↑ zunehmend	→ zunehmend
Dichte	↓ im allgemeinen zunehmend	I III VII → ← zunehmend
Schmelz- und Siedetemperatur der Metalle	↑ im allgemeinen zunehmend	
Schmelz- und Siedetemperatur der Nichtmetalle	↓ im allgemeinen zunehmend	

Eigenschaften der Oxide der Hauptgruppenelemente

Bei den Hauptgruppenelementen werden mit steigender Ordnungszahl die basischen Eigenschaften der Oxide innerhalb jeder Periode (von der 2. an) schwächer. Dagegen verstärken sich die sauren Eigenschaften der Oxide.
In jeder Hauptgruppe (mit Ausnahme der VIII.) nehmen mit steigender Ordnungszahl der Elemente die basischen Eigenschaften der Oxide zu, die sauren dagegen ab. In der II. bis VI. Hauptgruppe treten auch Elemente mit Oxiden auf, die sowohl basische als auch saure Eigenschaften haben können.

Chemische Reaktionen 3

3.1. Grundlagen chemischer Reaktionen

Gesetz von der Erhaltung der Masse

> Bei jeder chemischen Reaktion ist die Gesamtmasse der Ausgangsstoffe gleich der Gesamtmasse der Reaktionsprodukte (*Lomonossow* 1744, *Lavoisier* 1785).

■ $$\begin{array}{ccccccc} CH_4 & + & Cl_2 & \longrightarrow & CH_3Cl & + & HCl \\ 16\,g & + & 71\,g & = & 50{,}5\,g & + & 36{,}5\,g \end{array}$$
$$\underbrace{16\,g + 71\,g}_{87\,g} = \underbrace{50{,}5\,g + 36{,}5\,g}_{87\,g}$$

↗ Erhaltung der Energie, Ph i Üb S. 101, Erhaltung der Arbeit, Ph i Üb S. 75

Satz von Avogadro

> Gleiche Volumen aller Gase enthalten bei gleicher Temperatur und gleichem Druck die gleiche Anzahl von Teilchen (*Avogadro* 1811).

Chemische Reaktion

Stoffumwandlung, verbunden mit Energieumwandlungen. Dabei entstehen neue Stoffe mit anderen Eigenschaften.
Die Stoffe, die vor der Reaktion vorliegen, heißen **Ausgangsstoffe.** Die Stoffe, die als Ergebnis der Reaktion vorliegen, heißen **Reaktionsprodukte.** Alle an der Reaktion teilnehmenden Stoffe werden als **Reaktionspartner** bezeichnet.
Bei allen chemischen Reaktionen reagieren Stoffe in bestimmten Stoffmengenverhältnissen und proportional dazu in bestimmten Massen- und Volumenverhältnissen miteinander.

Merkmale chemischer Reaktionen

- Stoffumwandlungen;
- Energieumwandlungen;
- Veränderung der Art der Teilchen (Atome, Ionen, Moleküle) oder Umordnung dieser Teilchen;

➡ 3/1

– Umbau chemischer Bindungen (Aufspaltung und Neuausbildung chemischer Bindungen).

↗ Energieumwandlung S. 40

Stoffumwandlung	H_2 + I_2 Ausgangsstoffe	⟶	2 HI Reaktionsprodukt
Energieumwandlung	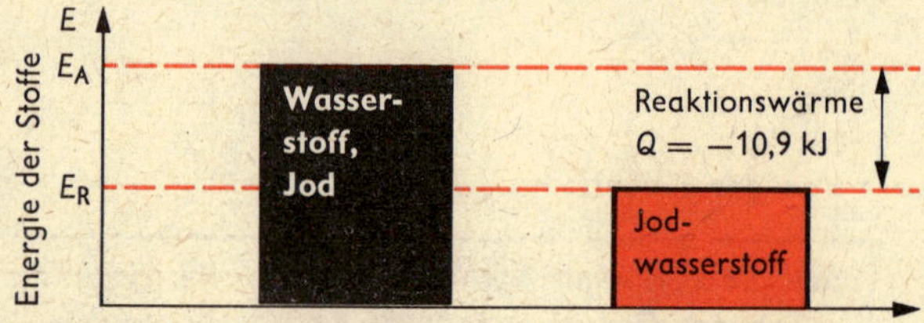		
Veränderung der Teilchen	Wasserstoffmoleküle	Jodmoleküle	Jodwasserstoffmoleküle
Umbau chemischer Bindungen	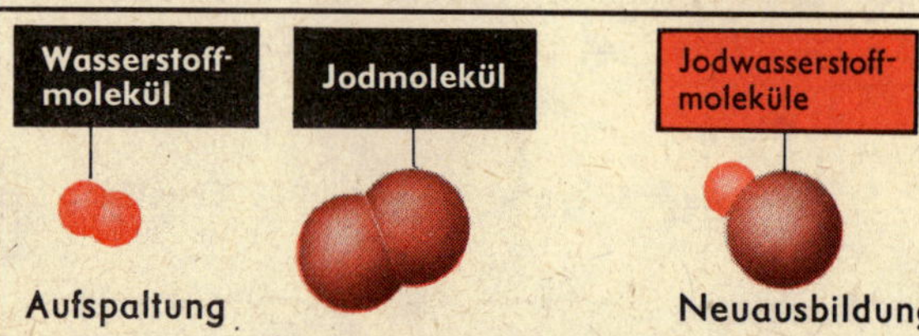 Aufspaltung	chemischer Bindungen	Neuausbildung

Chemische Energie

Fähigkeit eines Stoffes, bei bestimmten chemischen Reaktionen Wärme abzugeben oder Licht auszusenden.

Energieumwandlung

Umwandlung von einer Energieart in eine andere Energieart; Energiearten sind: thermische Energie, elektrische Energie, Energie der elektromagnetischen Strahlung, mechanische Energie, chemische Energie.
Beim Verlauf chemischer Reaktionen wird durch Umbau von Bindungen ein Teil der chemischen Energie in andere Energiearten umgewandelt (und umgekehrt).

↗ Energieumwandlungen, Ph i Üb S. 100

Reaktionswärme

Bei chemischen Reaktionen aufgenommene oder abgegebene Wärme. Die Reaktionswärme Q wird in Kilojoule angegeben. Sie bezieht sich auf die Stoffmengen, die durch die chemische Gleichung angegeben sind.

Endotherme und exotherme Reaktionen

Endotherme Reaktionen: Chemische Reaktionen, bei denen Wärme aufgenommen wird. Die Energie der Ausgangsstoffe ist kleiner als die Energie der Reaktionsprodukte.

Exotherme Reaktionen: Chemische Reaktionen, bei denen Wärme abgegeben wird. Die Energie der Ausgangsstoffe ist größer als die Energie der Reaktionsprodukte.

Chemische Reaktion	Angabe der Reaktionswärme Q	■
endotherm	$Q = +a$ kJ	$CO_2 + C \longrightarrow 2\,CO$; $Q = +172{,}5$ kJ
exotherm	$Q = -a$ kJ	$C + O_2 \longrightarrow CO_2$; $Q = -393{,}5$ kJ

\+ Vergrößerung der Energie durch Wärmeaufnahme von außen
— Verringerung der Energie durch Wärmeabgabe nach außen

■

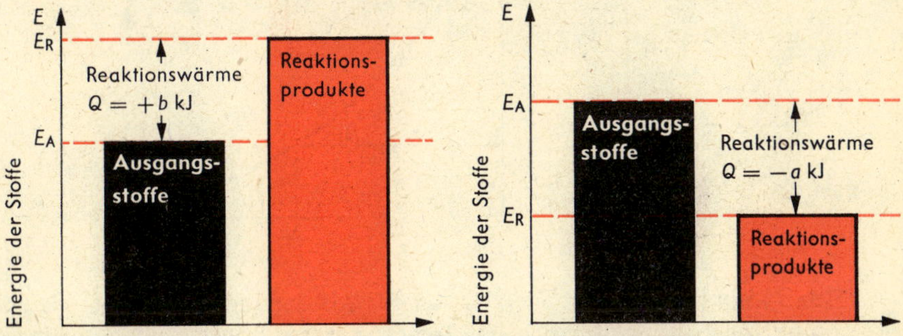

endotherme Reaktion — exotherme Reaktion

Aktivierungsenergie

Energie, die zur Aktivierung der Teilchen vorhanden sein muß, um eine chemische Reaktion auszulösen. Die aktivierten Teilchen haben eine größere Energie als die Teilchen der Ausgangsstoffe.

Verlauf chemischer Reaktionen

Umwandlung der Ausgangsstoffe in die Reaktionsprodukte; dabei werden die Stoffmengen der Ausgangsstoffe kleiner und die Stoffmengen der Reaktionsprodukte größer (makroskopische Betrachtungsweise).
Wechselwirkung zwischen den Teilchen während der chemischen Reaktion, bei der die Konzentration der Ausgangsstoffe abnimmt und die Konzentration der Reaktionsprodukte zunimmt (submikroskopische Betrachtungsweise).

↗ Betrachtungsweisen in der Chemie S. 8

➡ 3/1

Voraussetzungen für den Verlauf chemischer Reaktionen sind:

- die ungeordnete Bewegung der Teilchen, Durchmischung der Teilchen,
- das wirksame Zusammenstoßen der Teilchen,
- das Vorhandensein eines Mindestbetrages an Energie zur Aktivierung der reagierenden Teilchen.

Reaktionsgeschwindigkeit v

Quotient aus der Konzentrationsänderung eines an der Reaktion beteiligten Stoffes und der dazu benötigten Zeit; kennzeichnet den Verlauf der Reaktion:

$$v = \frac{\Delta c}{\Delta t}.$$

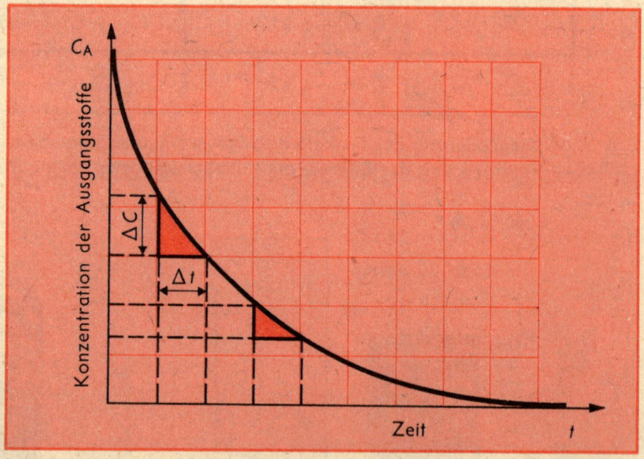

Die Reaktionsgeschwindigkeit ist von der Art der reagierenden Stoffe und den **Reaktionsbedingungen** Druck, Temperatur und Konzentration abhängig.
Mit steigender Konzentration wird die Anzahl der möglichen und damit auch der wirksamen Zusammenstöße größer, damit steigt die Reaktionsgeschwindigkeit v.

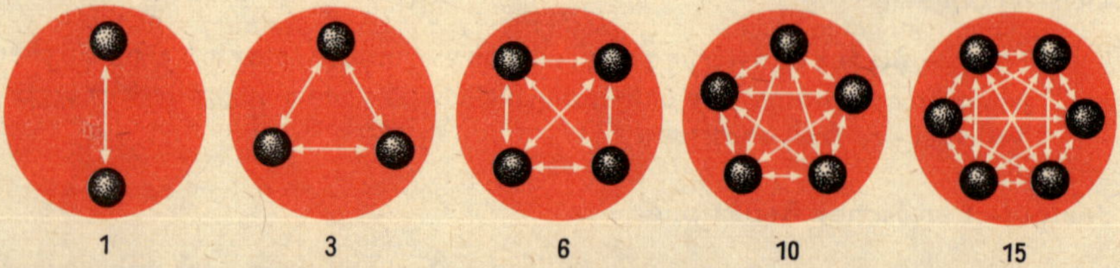

Die Reaktionsgeschwindigkeit kann durch **Katalysatoren** erhöht werden.

Katalysator

Stoff, der die Reaktionsgeschwindigkeit chemischer Reaktionen erhöht und dadurch die Einstellzeit des chemischen Gleichgewichts verkürzt, ohne daß sich dabei das chemische Gleichgewicht verändert. Ein Katalysator ist an der chemischen

Reaktion beteiligt, liegt aber danach unverändert vor und kann wiederverwendet werden.

■ Vanadin(V)-oxid: Katalysator für die Oxydation von Schwefeldioxid zu Schwefeltrioxid
Chlorophyll: Katalysator bei der Photosynthese in den Pflanzen

Technisch genutzte feste Katalysatoren heißen auch **Kontakte**.

↗ Schwefelsäure-Kontaktverfahren S. 134; Photosynthese, Bio i Üb S. 188

Umkehrbare chemische Reaktion

Chemische Reaktion, bei der aus Ausgangsstoffen Reaktionsprodukte entstehen, die ihrerseits miteinander unter Rückbildung der Ausgangsstoffe reagieren. In der chemischen Gleichung werden umkehrbare chemische Reaktionen durch entgegengesetzt gerichtete Pfeile gekennzeichnet.

■ $CO_2 + C \underset{\text{Rückreaktion}}{\overset{\text{Hinreaktion}}{\rightleftharpoons}} 2\,CO$; $Q = +172{,}5\ \text{kJ}$

Kohlendioxid, Kohlenstoff, Kohlenmonoxid

Chemisches Gleichgewicht

Besonderer Zustand umkehrbarer chemischer Reaktionen. Bei jeder umkehrbaren chemischen Reaktion bildet sich in einem abgeschlossenen Volumen unter gleichbleibenden Reaktionsbedingungen ein chemisches Gleichgewicht (dynamisches Gleichgewicht) aus. Es ist eingestellt, wenn die Hinreaktion und die Rückreaktion mit gleichen Reaktionsgeschwindigkeiten ablaufen.

■ $N_2 + 3\,H_2 \rightleftharpoons 2\,NH_3$

Einstellzeit: Zeit, die vom Beginn einer umkehrbaren chemischen Reaktion bis zum Erreichen des chemischen Gleichgewichts benötigt wird.

Merkmale des chemischen Gleichgewichts

- Konzentrationen der Ausgangsstoffe und der Reaktionsprodukte bleiben unverändert.
  $\Delta c = 0$
- Reaktionsgeschwindigkeit für die umkehrbare chemische Reaktion ist Null ($v = 0$), weil die Hinreaktion und die Rückreaktion mit gleicher Geschwindigkeit verlaufen.
  $v_{Hin} = v_{Rück}$

Prinzip von Le Chatelier

Jede Störung eines chemischen Gleichgewichts durch Veränderung der äußeren Bedingungen führt zu einer solchen Verschiebung des Gleichgewichts, die der Störung entgegenwirkt (nach *Le Chatelier* 1884).

➡ 3/2

Veränderungen der äußeren Bedingungen		Wirkungen auf das chemische Gleichgewicht
Temperatur	**Erhöhung**	begünstigt die **endotherme chemische Reaktion**
	Erniedrigung	begünstigt die **exotherme chemische Reaktion**
Druck	**Erhöhung**	begünstigt die chemische Reaktion, die unter **Abnahme des Volumens** verläuft
	Erniedrigung	begünstigt die chemische Reaktion, die unter **Zunahme des Volumens** verläuft
Überschuß eines Ausgangsstoffs		begünstigt die chemische Reaktion, bei der der **Ausgangsstoff verbraucht wird**
Entzug eines Reaktionsprodukts		begünstigt die chemische Reaktion, bei der das **Reaktionsprodukt entsteht**

3.2. Arten chemischer Reaktionen

Redoxreaktion

Chemische Reaktion, bei der Reduktion und Oxydation gleichzeitig ablaufen. Beide Teilreaktionen hängen voneinander ab.

Reduktion

$$Fe_2O_3 + 2\,Al \rightleftharpoons 2\,Fe + Al_2O_3$$

Oxydation

Oxydation: Reaktion, bei der sich Elemente oder Verbindungen mit dem Element Sauerstoff verbinden.
Reduktion: Reaktion, bei der Verbindungen das Element Sauerstoff entzogen wird.
Oxydationsmittel: Sauerstoff abgebender Stoff; wird reduziert.
Reduktionsmittel: Sauerstoff aufnehmender Stoff; wird oxydiert.

Unter **Anwendung der Oxydationszahlen** kann man definieren:
Redoxreaktion: Chemische Reaktion, bei der sich die Oxydationszahlen von Elementen in den Reaktionspartnern ändern.
Oxydation: Reaktion, bei der die Oxydationszahl von Elementen größer wird.
Reduktion: Reaktion, bei der die Oxydationszahl von Elementen kleiner wird.

Oxydationsmittel: Reaktionspartner, dessen Oxydationszahl während der Reaktion kleiner wird; er wird reduziert.
Reduktionsmittel: Reaktionspartner, dessen Oxydationszahl während der Reaktion größer wird; er wird oxydiert.

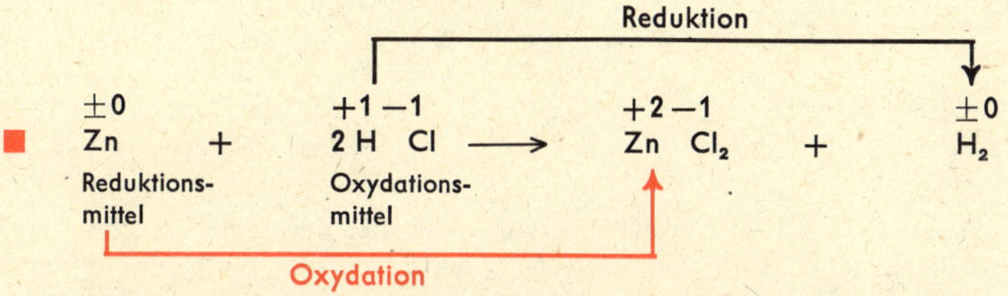

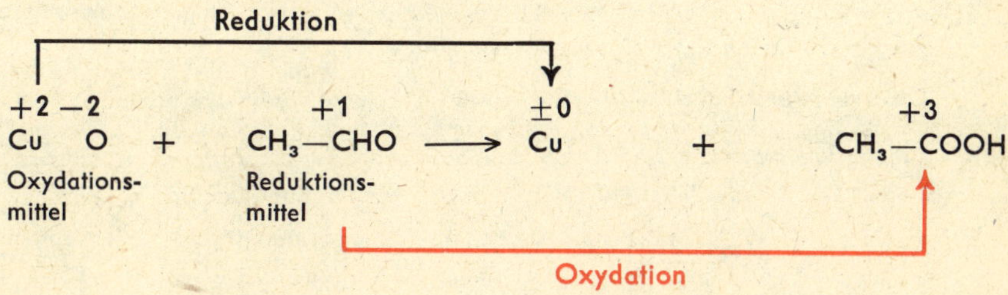

Reaktion mit Protonenübergang

Chemische Reaktion, bei der Protonen (Wasserstoff-Ionen H^+) von Teilchen eines Stoffes auf Teilchen eines anderen Stoffes übergehen. Zu den Reaktionen mit Protonenübergang gehören:

Neutralisation: Chemische Reaktion von Baselösung und Säurelösung. Hydroxid-Ionen und Wasserstoff-Ionen reagieren zu Wassermolekülen.

■ $Na^+ + OH^- + H^+ + Cl^- \longrightarrow H_2O + Na^+ + Cl^-$

$OH^- + H^+ \longrightarrow H_2O$

Chemische Reaktion von Metalloxid und Säurelösung:

■ $CuO + 2\,H^+ + SO_4^{2-} \longrightarrow Cu^{2+} + SO_4^{2-} + H_2O$

$CuO + 2\,H^+ \longrightarrow Cu^{2+} + H_2O$

Chemische Reaktion von Salzlösung und Säurelösung:

■ $2\,Na^+ + CO_3^{2-} + 2\,H^+ + 2\,Cl^- \longrightarrow 2\,Na^+ + 2\,Cl^- + H_2O + CO_2$

$CO_3^{2-} + 2\,H^+ \longrightarrow H_2O + CO_2$

Chemische Reaktion von Salzlösung und Baselösung:

■ $NH_4^+ + Cl^- + Na^+ + OH^- \longrightarrow Na^+ + Cl^- + NH_3 + H_2O$

$NH_4^+ + OH^- \longrightarrow NH_3 + H_2O$

➡ 3/2

Fällungsreaktion

Chemische Reaktion, bei der frei bewegliche Ionen eines schwerlöslichen Salzes in einer Lösung zu Kristallen zusammentreten, die als Niederschlag ausfallen.

■ $$Ag^+ + NO_3^- + K^+ + Cl^- \longrightarrow AgCl + K^+ + NO_3^-$$
$$Ag^+ + Cl^- \longrightarrow AgCl$$

↗ Fällungsreaktionen S. 127

Substitutionsreaktion

Chemische Reaktion, bei der zwischen den Molekülen der Ausgangsstoffe Atome oder Atomgruppen ausgetauscht werden; dabei entstehen Moleküle mehrerer Reaktionsprodukte. Substitutionsreaktionen, bei denen sich zwei Moleküle unter Abspaltung eines dritten Moleküls vereinigen, werden als **Kondensation** bezeichnet. Zu den Substitutionsreaktionen gehören:

Chlorierung: Substitution von Chlor

■ $$\underset{\text{Methan}}{CH_4} + Cl_2 \longrightarrow \underset{\text{Chlormethan}}{CH_3Cl} + HCl$$

Veresterung: Kondensation von Karbonsäure und Alkohol

■ $$\underset{\text{Methansäure}}{\mathrm{H{-}\overset{\overset{\displaystyle O}{\|}}{C}{-}OH}} + \underset{\text{Äthanol}}{\mathrm{H{-}O{-}C_2H_5}} \rightleftarrows \underset{\text{Methansäureäthylester}}{\mathrm{H{-}\overset{\overset{\displaystyle O}{\|}}{C}{-}O{-}C_2H_5}} + H_2O$$

Hydrolyse: Zerfall eines Esters durch Einwirkung von Wasser (Umkehrung der Kondensation)

■ $$\underset{\text{Methansäureäthylester}}{\mathrm{H{-}\overset{\overset{\displaystyle O}{\|}}{C}{-}O{-}C_2H_5}} + H_2O \rightleftarrows \underset{\text{Methansäure}}{\mathrm{H{-}\overset{\overset{\displaystyle O}{\|}}{C}{-}OH}} + \underset{\text{Äthanol}}{\mathrm{H{-}O{-}C_2H_5}}$$

Polykondensation: Substitution, die zu Makromolekülen führt

■ 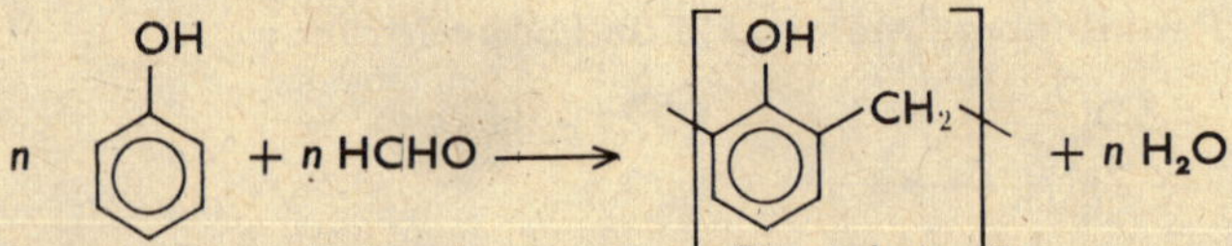

Phenol Methanal Phenoplast

Additionsreaktion

Chemische Reaktion, bei der sich jeweils zwei oder mehrere Moleküle zu einem neuen Molekül vereinigen. Voraussetzung für die Additionsreaktion ist das Vorhandensein von Mehrfachbindungen bei den Molekülen mindestens eines der Reaktionspartner.

Zu den Additionsreaktionen gehören:

Hydrierung: Addition von Wasserstoff

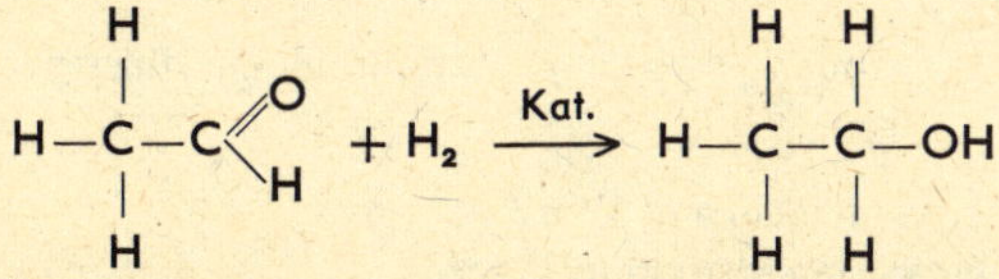

Äthanal — Äthanol

Halogenierung: Addition von Halogenen

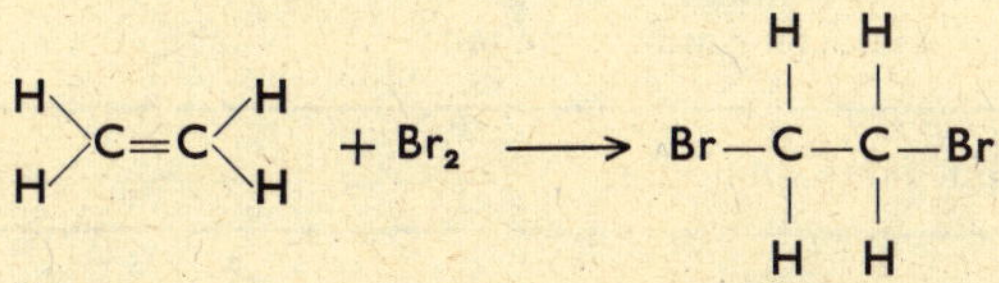

Äthen — 1,2-Dibromäthan

Hydratisierung: Addition von Wasser

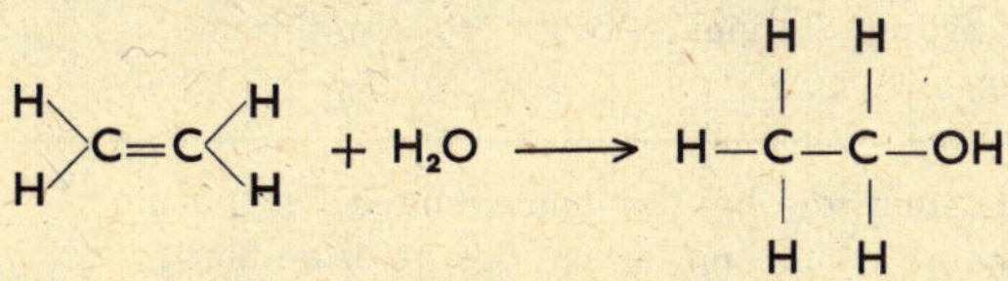

Äthen — Äthanol

Polymerisation: Addition, bei der jeweils viele Moleküle mit Mehrfachbindung unter Bildung eines Makromoleküls zusammentreten.

$$n\ CH_2{=}CH_2 \longrightarrow \left[CH_2-CH_2 \right]_n$$

Äthen — Polyäthylen

↗ Makromoleküle S. 26

Eliminierungsreaktion

Chemische Reaktion, bei der jeweils aus einem Molekül des Ausgangsstoffes mindestens zwei Atome oder Atomgruppen abgespalten werden.
Zu den Eliminierungsreaktionen gehören:

Dehydrierung: Eliminierung von Wasserstoff

$$CH_3-CH_3 \xrightleftharpoons{\text{Kat.}} CH_2{=}CH_2 + H_2$$

Äthan — Äthen — Wasserstoff

Dehydratisierung: Eliminierung von Wasser

$$CH_3-CH_2-OH \xrightleftharpoons{\text{Kat.}} CH_2{=}CH_2 + H_2O$$

Äthanol — Äthen

3.3. Vorgänge in wäßrigen Lösungen

Lösung

Gemisch, bei dem feste, flüssige oder gasförmige Stoffe in einem flüssigen Stoff fein verteilt sind.

■ Säurelösung: Lösung von Schwefelsäure in Wasser
Baselösung: Lösung von Natriumhydroxid in Wasser
Salzlösung: Lösung von Kupfer(II)-sulfat in Wasser

Nach dem Anteil an gelöstem Stoff in einer bestimmten Masse oder einem bestimmten Volumen Lösungsmittel kann man einteilen:

Bezeichnung	Charakteristik
Verdünnte Lösung	Lösung, die nur sehr wenig gelösten Stoff enthält
Konzentrierte Lösung	Lösung, die viel gelösten Stoff enthält
Gesättigte Lösung	Lösung, die bei der betreffenden Temperatur keine weiteren Mengen des gelösten Stoffes zu lösen vermag

Löslichkeit

Anteil eines gelösten Stoffes in seiner gesättigten Lösung. Die Löslichkeit von festen Stoffen steigt in den meisten Fällen bei Temperaturerhöhung; die Löslichkeit von Gasen nimmt bei Temperaturerhöhung ab.

Elektrolytische Dissoziation

Vorgang, bei dem durch Aufspaltung chemischer Bindungen frei bewegliche Ionen entstehen.

Dissoziation von Stoffen mit polarer Atombindung

■ $HCl \rightleftarrows H^+ + Cl^-$

Dissoziation von Ionenkristallen

■ $NaCl \rightleftarrows Na^+ + Cl^-$

$CaCl_2 \rightleftarrows Ca^{2+} + 2\,Cl^-$

↗ Chemische Gleichung für die elektrolytische Dissoziation S. 18

Chemisches Rechnen 4

4.1. Wichtige Größen und Einheiten

Physikalische Größen

Ausdrücke zur Kennzeichnung meßbarer Eigenschaften physikalischer Gegenstände, Zustände oder Vorgänge; sie werden durch das Produkt aus Zahlenwert und Einheit beschrieben.

Basisgrößen: physikalische Größen, die sich nicht auf andere Größen zurückführen lassen. Sie sind international durch Vereinbarung festgelegt.

■ Masse, Zeit, Temperatur, Stoffmenge

Abgeleitete Größen: physikalische Größen, die mit Hilfe von Größengleichungen auf Basisgrößen oder andere abgeleitete Größen zurückgeführt werden können.

■ molare Masse (Quotient aus Masse und Stoffmenge)
Dichte (Quotient aus Masse und Volumen)

↗ Übersicht S. 51; Größengleichungen, Ph i Üb S. 14

Einheiten

Physikalische Größen mit einem für die betreffende Größe durch Vereinbarung festgelegten Wert.

↗ Übersicht S. 50

Basiseinheiten sind durch eine Wortdefinition festgelegt.

■ Die Einheit der Masse, 1 kg, ist die Masse des internationalen Kilogrammprototyps (seit 1899).
Der Kilogrammprototyp besteht aus einer Legierung mit einem Massenanteil von 90% Platin und einem Massenanteil von 10% Iridium und hat die Form eines Kreiszylinders von 39 mm Durchmesser und 39 mm Höhe. Er wird in Paris aufbewahrt.

Abgeleitete Einheiten sind durch eine Definitionsgleichung festgelegt.

■ Die Einheit der Dichte, $1\,\frac{kg}{m^3}$, ist die Dichte eines Körpers, der das Volumen $1\ m^3$ und die Masse 1 kg hat.

$$1\,\frac{kg}{m^3} = 1\ kg \cdot m^{-3}$$

➡ 4/1

Internationales Einheitensystem (SI)

International gültiges, einheitliches Maßsystem, das 1954 von der Generalkonferenz für Maß und Gewicht beschlossen wurde und 1960 die Bezeichnung **SI** (Système International d'Unités) erhielt.

Die sieben Basiseinheiten des SI

Größe	Formelzeichen	Basiseinheit	Einheitenzeichen
Länge	l	Meter	m
Masse	m	Kilogramm	kg
Zeit	t	Sekunde	s
elektrische Stromstärke	I	Ampere	A
Temperatur	T	Kelvin	K
Stoffmenge	n	Mol	mol
Lichtstärke	I_v	Candela	cd

Vorsätze für die Bildung von Vielfachen und Teilen von Einheiten

Bedeutung	Vorsatz	Kurzzeichen
10^{18} (Trillion)	Exa	E
10^{15} (Billiarde)	Peta	P
10^{12} (Billion)	Tera	T
10^{9} (Milliarde)	Giga	G
10^{6} (Million)	Mega	M
10^{3} (Tausend)	Kilo	k
10^{2} (Hundert)	Hekto	h
10^{1} (Zehn)	Deka	da
10^{-1} (Zehntel)	Dezi	d
10^{-2} (Hundertstel)	Zenti	c
10^{-3} (Tausendstel)	Milli	m
10^{-6} (Millionstel)	Mikro	µ
10^{-9} (Milliardstel)	Nano	n
10^{-12} (Billionstel)	Pico	p
10^{-15} (Billiardstel)	Femto	f
10^{-18} (Trillionstel)	Atto	a

Übersicht über wichtige Größen und Einheiten

Größe	Formelzeichen	Einheit	Einheitenzeichen	Beziehung zu Basiseinheiten
Länge	l	**Meter**	m	**Basiseinheit**
Fläche	A	Quadratmeter	m^2	$1\,m^2 = 1\,m \cdot 1\,m$
Volumen	V	Kubikmeter	m^3	$1\,m^3 = 1\,m \cdot 1\,m \cdot 1\,m$
		Liter	l	$1\,l = 0{,}001\,m^3$
Zeit	t	**Sekunde**	s	**Basiseinheit**
Geschwindigkeit	v	Meter je Sekunde	$\frac{m}{s}$	$1\,\frac{m}{s} = 1\,m \cdot s^{-1}$
Beschleunigung	a	Meter je Sekunde zum Quadrat	$\frac{m}{s^2}$	$1\,\frac{m}{s^2} = 1\,m \cdot s^{-2}$
Masse	m	**Kilogramm**	kg	**Basiseinheit**
Dichte	ϱ	Kilogramm je Kubikmeter	$\frac{kg}{m^3}$	$1\,\frac{kg}{m^3} = 1\,kg \cdot m^{-3}$
Kraft	F	Newton	N	$1\,N = 1\,kg \cdot \frac{m}{s^2}$
Druck	p	Pascal	Pa	$1\,Pa = 1\,\frac{N}{m^2}$
Arbeit, Energie	W E	Joule	J	$1\,J = 1\,N \cdot m = 1\,W \cdot s = 1\,\frac{kg \cdot m^2}{s^2}$
Leistung	P	Watt	W	$1\,W = 1\,\frac{J}{s} = 1\,\frac{kg \cdot m^2}{s^3}$
elektrische Stromstärke	I	**Ampere**	A	**Basiseinheit**
elektrische Spannung	U	Volt	V	$1\,V = 1\,\frac{W}{A}$
elektrischer Widerstand	R	Ohm	Ω	$1\,\Omega = 1\,\frac{V}{A}$
elektrische Ladung (Elektrizitätsmenge)	Q	Coulomb	C	$1\,C = 1\,A \cdot s$

➡ 4/1

Größe	Formelzeichen	Einheit	Einheitenzeichen	Beziehung zu Basiseinheiten
Temperatur[1]	T	**Kelvin**	K	**Basiseinheit**
	t	Grad Celsius	°C	
Wärme	Q	Joule	J	$1\ \mathrm{J} = 1\ \mathrm{N \cdot m}$
Reaktionswärme	Q_R	Joule	J	$= 1\ \frac{\mathrm{kg \cdot m^2}}{\mathrm{s^2}}$
Stoffmenge	n	**Mol**	mol	**Basiseinheit**
Stoffmengenkonzentration	c_B	Mol je Kubikmeter	$\frac{\mathrm{mol}}{\mathrm{m^3}}$	$1\ \frac{\mathrm{mol}}{\mathrm{m^3}} = 1\ \mathrm{mol \cdot m^{-3}}$
molare Masse	M	Kilogramm je Mol	$\frac{\mathrm{kg}}{\mathrm{mol}}$	$1\ \frac{\mathrm{kg}}{\mathrm{mol}} = 1\ \mathrm{kg \cdot mol^{-1}}$
molares Volumen	V_m	Kubikmeter je Mol	$\frac{\mathrm{m^3}}{\mathrm{mol}}$	$1\ \frac{\mathrm{m^3}}{\mathrm{mol}} = 1\ \mathrm{m^3 \cdot mol^{-1}}$

[1] Temperaturdifferenzen werden in Kelvin (Einheitenzeichen: K) angegeben.

Atommasse

Masse eines Atoms eines Elements.

■ Atommasse des Kohlenstoffatoms $^{12}_{6}C$: $1{,}99 \cdot 10^{-23}$ g

Relative Atommasse A_r

Quotient aus der Masse eines Atoms eines Elements und dem zwölften Teil der Atommasse des Kohlenstoffatoms $^{12}_{6}C$.

■ relative Atommasse des Magnesiums:

$$A_r = \frac{4{,}03 \cdot 10^{-23}\ \mathrm{g} \cdot 12}{1{,}99 \cdot 10^{-23}\ \mathrm{g}}$$

$$A_r = 24{,}3$$

↗ Periodensystem der Elemente

Relative Molekülmasse M_r

Quotient aus der Masse eines Moleküls und dem zwölften Teil der Atommasse des Kohlenstoffatoms $^{12}_{6}C$; Summe der relativen Atommassen aller Atome eines Moleküls.
Bei Stoffen, die nicht aus Molekülen bestehen, wird der Quotient aus der Masse der durch die chemische Formel angegebenen Atome oder Ionen und dem zwölften Teil der Atommasse des Kohlenstoffatoms $^{12}_{6}C$ gebildet. Dieser Wert heißt **relative Formelmasse.**

Die relative Molekülmasse läßt sich aus den relativen Atommassen berechnen.

	■ relative Molekülmasse von Aluminiumoxid Al_2O_3
1. Ablesen des Zahlenverhältnisses der Atome aus der Formel	Aluminium: 2 Sauerstoff: 3
2. Aufschreiben der zugehörigen relativen Atommassen	Aluminium: 2 27 Sauerstoff: 3 16
3. Multiplikation mit den relativen Atommassen	Aluminium: $2 \cdot 27 = 54$ Sauerstoff: $3 \cdot 16 = 48$
4. Addition der Produkte (3.)	Aluminium: $2 \cdot 27 = 54$ Sauerstoff: $3 \cdot 16 = 48$ **Aluminiumoxid Al_2O_3:102**

Stoffmenge *n*

Basisgröße, die der Zählbarkeit von Teilchen[1] dient. Die Stoffmenge wird auch **Objektmenge** genannt.

Einheit: mol

1 mol ist die Stoffmenge eines Systems, das aus so vielen gleichartigen Teilchen (Objekten) besteht, wie Atome in 0,012 kg des Kohlenstoffatoms $^{12}_{6}C$ enthalten sind, in Zahlen etwa $6 \cdot 10^{23}$ Teilchen.
Bei Verwendung der Einheit Mol muß die Art der Objekte angegeben werden.

■ 1 mol C sind etwa $6 \cdot 10^{23}$ Kohlenstoffatome
1 mol Cl_2 sind etwa $6 \cdot 10^{23}$ Chlormoleküle
1 mol Ca^{2+} sind etwa $6 \cdot 10^{23}$ Kalzium-Ionen

[1] Teilchen (Objekte) sind zum Beispiel: Atome, Moleküle, Ionen, Gruppen und Bruchteile von Teilchen, Elektronen, Protonen und andere Elementarteilchen. Die Stoffmenge wird jedoch auch für viele andere Objekte angegeben.

Molare Masse *M*

Quotient aus der Masse einer Anzahl Teilchen (einer Stoffportion) und der dazugehörigen Stoffmenge.

$$M = \frac{m}{n}$$

Einheiten: $\frac{g}{mol}$; $\frac{kg}{mol}$

■ Molare Masse von Chlor Cl_2:

$$M_{Cl_2} = 71 \frac{g}{mol}$$

molare Masse von Natriumchlorid NaCl:

$$M_{NaCl} = 58{,}5 \frac{g}{mol}$$

➡ 4/1

Molares Volumen V_m

Quotient aus dem Volumen einer Anzahl Teilchen (einer Stoffportion) und der dazugehörigen Stoffmenge.

$V_m = \frac{V}{n}$ Einheit: $\frac{l}{mol}$; $\frac{m^3}{mol}$

■ Molares Volumen eines Gases:

bei 0 °C und 1000 kPa $V_m = 2{,}3 \frac{l}{mol}$

bei 100 °C und 101,33 kPa $V_m = 30{,}6 \frac{l}{mol}$

bei 0 °C und 101,3 kPa (Normzustand) $V_m = 22{,}4 \frac{l}{mol}$

Das molare Volumen beträgt bei **Gasen im Normzustand** stets annähernd $22{,}4 \frac{l}{mol}$.

Zusammenhang zwischen Stoffmenge, Masse und Volumen

Zwischen Stoffmengen und Massen sowie Volumen von Stoffportionen bestehen proportionale Zusammenhänge.

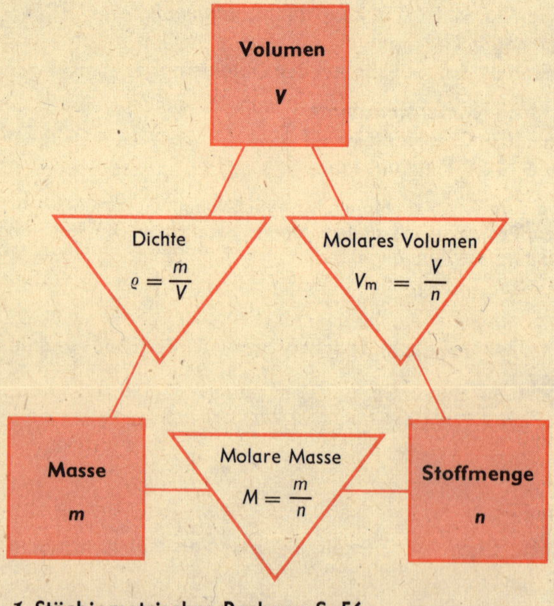

↗ Stöchiometrisches Rechnen S. 56

Stoffmengenkonzentration *c*

Quotient aus der Stoffmenge *n* des gelösten Stoffes und dem Volumen *V* der Lösung.

$$c = \frac{n}{V}$$

Einheiten: $\frac{\text{mol}}{\text{m}^3}$; $\frac{\text{mol}}{\text{l}}$

↗ Stoffmenge S. 53

Massenanteil w_B

Massenanteil eines Stoffes an der Gesamtmasse eines Stoffgemisches; Quotient aus der Masse m_B des Stoffes B und der Masse *m* des Stoffgemisches.

$$w_B = \frac{m_B}{m}$$

Einheiten: 1, %, ‰

Massenanteil im Stoffgemisch	Gesamtmasse	Massenbestandteile	
Natriumchloridlösung ($w_{NaCl} = 10\%$)	100 g	10 g Natriumchlorid	90 g Wasser
Silbernitratlösung ($w_{AgNO_3} = 5\%$)	100 g	5 g Silbernitrat	95 g Wasser
Natriumhydroxidlösung ($w_{NaOH} = 24\%$)	100 g	24 g Natriumhydroxid	76 g Wasser

Volumenanteil φ_B

Volumenanteil eines Stoffes an dem Gesamtvolumen eines Stoffgemisches; Quotient aus dem Volumen V_B des Stoffes B und dem Volumen *V* des Stoffgemisches.

$$\varphi_B = \frac{V_B}{V}$$

Einheiten: 1, %, ‰

Volumenanteil im Stoffgemisch	Gesamtvolumen	Volumenbestandteile	
Äthansäure ($\varphi_{CH_3COOH} = 10\%$)	100 ml	10 ml Äthansäure	90 ml Wasser
Propanol ($\varphi_{C_3H_7OH} = 20\%$)	100 ml	20 ml Propanol	80 ml Wasser

➡ 4/2

4.2. Berechnungen zu chemischen Reaktionen

Größengleichungen

Mathematische Darstellung des gesetzmäßigen Zusammenhangs zwischen physikalischen Größen.
Jede physikalische Größe ist in die Größengleichung als Produkt aus Zahlenwert und Einheit einzusetzen.

■ Ein Körper aus Blei hat die Masse 226,8 g und das Volumen 20 cm³. Wie groß ist die Dichte von Blei?

Gesucht:
ϱ

Gegeben:
$m = 226{,}8\ \text{g}$
$V = 20{,}0\ \text{cm}^3$

Größengleichung:

$$\varrho = \frac{m}{V}$$

$$\varrho = \frac{226{,}8\ \text{g}}{20{,}0\ \text{cm}^3}$$

$$\varrho = 11{,}3\ \frac{\text{g}}{\text{cm}^3}$$

Die Dichte von Blei ist $\varrho = 11{,}3\ \frac{\text{g}}{\text{cm}^3}$.

Stöchiometrisches Rechnen

Berechnen von Massen oder Volumen der an einer chemischen Reaktion beteiligten Ausgangsstoffe oder Reaktionsprodukte.
Aus der Proportionalität der Massen, Volumen und Stoffmengen können allgemeine Größengleichungen abgeleitet werden.

Gesuchte Größe	Gegebene Größe	Allgemeine Größengleichungen	
m_1	m_2	$\frac{m_1}{m_2} = \frac{n_1 \cdot M_1}{n_2 \cdot M_2}$	$m_1 = \frac{n_1 \cdot M_1 \cdot m_2}{n_2 \cdot M_2}$
m_1	V_2	$\frac{m_1}{V_2} = \frac{n_1 \cdot M_1}{n_2 \cdot V_{m,2}}$	$m_1 = \frac{n_1 \cdot M_1 \cdot V_2}{n_2 \cdot V_{m,2}}$
V_1	m_2	$\frac{V_1}{m_2} = \frac{n_1 \cdot V_{m,1}}{n_2 \cdot M_2}$	$V_1 = \frac{n_1 \cdot V_{m,1} \cdot m_2}{n_2 \cdot M_2}$
V_1	V_2	$\frac{V_1}{V_2} = \frac{n_1}{n_2}$	$V_1 = \frac{n_1 \cdot V_2}{n_2}$

m Masse der beteiligten Stoffe, z. B. in g
V Volumen der beteiligten gasförmigen Stoffe, z. B. in l

M molare Masse, z. B. in $\frac{g}{mol}$, aus Tabellenwerken zu ermitteln

V_m molares Volumen, für Gase im Normzustand $V_m = 22{,}4 \frac{l}{mol}$

n Stoffmenge, z. B. in mol

Index 1: Stoff 1, von dem eine Größe gesucht wird
Index 2: Stoff 2, von dem die genannten Größen bekannt sind

Massenberechnungen nach allgemeinen Größengleichungen (Schrittfolge)

Schritte	■ Welche Masse reine Schwefelsäure wird zur Neutralisation von 50,0 g Kaliumhydroxid in Lösung benötigt?
1. Aufstellen der chemischen Gleichung	$2\,KOH + H_2SO_4 \longrightarrow K_2SO_4 + 2\,H_2O$
2. Angeben der in der Aufgabe gesuchten und gegebenen Größen	Gesucht: m_1 (Schwefelsäure) Gegeben: $m_2 = 50$ g (Kaliumhydroxid)
3. Angeben der Produkte aus den Stoffmengen und den aus Tabellen zu ermittelnden molaren Massen	$n_1 \cdot M_1 = 1\,mol \cdot 98\,\frac{g}{mol}$ (Schwefelsäure) $n_2 \cdot M_2 = 2\,mol \cdot 56\,\frac{g}{mol}$ (Kaliumhydroxid)
4. Aufstellen und Umformen der allgemeinen Größengleichung	$\frac{m_1}{m_2} = \frac{n_1 \cdot M_1}{n_2 \cdot M_2}$ $m_1 = \frac{n_1 \cdot M_1 \cdot m_2}{n_2 \cdot M_2}$
5. Einsetzen der Größen in die Größengleichung	$m_1 = \frac{1\,mol \cdot 98\,g \cdot mol \cdot 50{,}0\,g}{2\,mol \cdot 56\,g \cdot mol}$
6. Ausrechnen der Größengleichung (Kontrolle durch Überschlag!)	$m_1 = 43{,}7$ g
7. Formulieren des Ergebnisses	**Zur Neutralisation von 50,0 g Kaliumhydroxid in Lösung werden 43,7 g reine Schwefelsäure benötigt.**

➡ 4/2

Volumenberechnungen nach allgemeinen Größengleichungen (Schrittfolge)

Schritte	■ Welches Volumen Wasserstoff entsteht durch Reaktion von 3 g Zink mit verdünnter Chlorwasserstoffsäure?
1. Aufstellen der chemischen Gleichung	$Zn + 2\,HCl \longrightarrow ZnCl_2 + H_2$
2. Angeben der in der Aufgabe gesuchten und gegebenen Größen	Gesucht: V_1 (Wasserstoff) Gegeben: $m_2 = 3\text{ g}$ (Zink)
3. Angeben der Produkte aus den Stoffmengen und den aus Tabellen zu ermittelnden molaren Massen oder molaren Volumen	$n_1 \cdot V_{m_1} = 1\text{ mol} \cdot 22{,}4\,\frac{\text{l}}{\text{mol}}$ (Wasserstoff) $n_2 \cdot M_2 = 1\text{ mol} \cdot 65\,\frac{\text{g}}{\text{mol}}$ (Zink)
4. Aufstellen und Umformen der allgemeinen Größengleichung	$\frac{V_1}{m_2} = \frac{n_1 \cdot V_{m,1}}{n_2 \cdot M_2}$ $V_1 = \frac{n_1 \cdot V_{m,1} \cdot m_2}{n_2 \cdot M_2}$
5. Einsetzen der Größen in die Größengleichung	$V_1 = \frac{1\text{ mol} \cdot 22{,}4\text{ l} \cdot \text{mol} \cdot 3\text{ g}}{1\text{ mol} \cdot 65\text{ g} \cdot \text{mol}}$
6. Ausrechnen der Größengleichung (Kontrolle durch Überschlag!)	$V_1 \approx 1\text{ l}$
7. Formulieren des Ergebnisses	**Durch Reaktion von 3 g Zink mit verdünnter Chlorwasserstoffsäure entsteht 1 l Wasserstoff.**

5 Anorganische Stoffe

5.1. Übersicht über chemische Elemente und anorganische Stoffe

Chemische Elemente

Name[1]	Symbol	Ordnungszahl	Relative Atommasse[2]	Wichtigste stöchiometrische Wertigkeiten
Aktinium (Actinium)	Ac	89	[227]	III
Aluminium	Al	13	27	III
Amerizium (Americium)	Am	95	[243]	III
Antimon	Sb	51	122	III, V
Argon	Ar	18	40	0
Arsen	As	33	75	III, V
Astat	At	85	[210]	I
Barium	Ba	56	137	II
Berkelium	Bk	97	[247]	III
Beryllium	Be	4	9	II
Blei	Pb	82	207	II, IV
Bor	B	5	11	III
Brom	Br	35	80	I, V
Chlor	Cl	17	35,5	I, III, V, VII
Chrom (Chromium)	Cr	24	52	II, III, VI
Curium	Cm	96	[247]	III
Dysprosium	Dy	66	162,5	III
Einsteinium	Es	99	[252]	III
Eisen	Fe	26	56	II, III
Erbium	Er	68	167	III
Europium	Eu	63	152	III
Fermium	Fm	100	[257]	III
Fluor	F	9	19	I
Franzium (Francium)	Fr	87	[223]	I
Gadolinium	Gd	64	157	III
Gallium	Ga	31	70	III
Germanium	Ge	32	72,5	IV
Gold	Au	79	197	I, III

➡ 5/1

Name[1]	Symbol	Ordnungszahl	Relative Atommasse[2]	Wichtigste stöchiometrische Wertigkeiten
Hafnium	Hf	72	178,5	IV
Helium	He	2	4	0
Holmium	Ho	67	165	III
Indium	In	49	115	III
Iridium	Ir	77	192	III, IV
Jod (Iod)	I	53	127	I, V, VII
Kadmium (Cadmium)	Cd	48	112,5	II
Kalifornium (Californium)	Cf	98	[251]	III
Kalium	K	19	39	I
Kalzium (Calcium)	Ca	20	40	II
Kobalt (Cobalt)	Co	27	59	II, III
Kohlenstoff	C	6	12	IV
Krypton	Kr	36	84	0
Kupfer	Cu	29	63,5	I, II
Kurtschatovium	(Ku)	104	[261]	
Lanthan	La	57	139	III
Lawrencium	Lr	103	[260]	
Lithium	Li	3	7	I
Lutetium	Lu	71	175	III
Magnesium	Mg	12	24	II
Mangan	Mn	25	55	II, IV, VII
Mendelevium	Md	101	[258]	III
Molybdän	Mo	42	96	VI
Natrium	Na	11	23	I
Neodymium	Nd	60	144	III
Neon	Ne	10	20	0
Neptunium	Np	93	237	IV, VI
Nickel	Ni	28	59	II
Nielsbohrium	(Ns)	105	[262]	V
Niobium	Nb	41	93	V
Nobelium	No	102	[259]	III
Osmium	Os	76	190	VI, VIII
Palladium	Pd	46	106,5	II
Phosphor	P	15	31	III, V
Platin	Pt	78	195	II, IV
Plutonium	Pu	94	[244]	III, IV
Polonium	Po	84	[209]	II
Praseodymium	Pr	59	141	III
Promethium	Pm	61	[145]	III
Protaktinium (Protactinium)	Pa	91	231	V
Quecksilber	Hg	80	200,5	I, II

Name[1]	Symbol	Ordnungszahl	Relative Atommasse[2]	Wichtigste stöchiometrische Wertigkeiten
Radium	Ra	88	226	II
Radon	Rn	86	[222]	0
Rhenium	Re	75	186	VII
Rhodium	Rh	45	103	III
Rubidium	Rb	37	85,5	I
Ruthenium	Ru	44	101	IV
Samarium	Sm	62	150	III
Sauerstoff	O	8	16	II
Schwefel	S	16	32	II, IV, VI
Selen	Se	34	79	IV
Silber	Ag	47	108	I
Silizium (Silicium)	Si	14	28	IV
Skandium (Scandium)	Sc	21	45	III
Stickstoff	N	7	14	III, V
Strontium	Sr	38	87,5	II
Tantal	Ta	73	181	V
Technetium	Tc	43	[97]	VII
Tellur	Te	52	127,5	IV
Terbium	Tb	65	159	III
Thallium	Tl	81	204	I, III
Thorium	Th	90	232	IV
Thulium	Tm	69	169	III
Titan (Titanium)	Ti	22	48	IV
Uran (Uranium)	U	92	238	IV, VI
Vanadin (Vanadium)	V	23	51	V
Wasserstoff	H	1	1	I
Wismut (Bismut)	Bi	83	209	III
Wolfram	W	74	184	VI
Xenon	Xe	54	131	0
Ytterbium	Yb	70	173	III
Yttrium	Y	39	89	III
Zäsium (Caesium)	Cs	55	133	I
Zer (Cerium)	Ce	58	140	III, IV
Zink	Zn	30	65	II
Zinn	Sn	50	119	II, IV
Zirkonium (Zirconium)	Zr	40	91	IV

[1] Die wissenschaftliche Schreibweise der Namen ist in Klammern angegeben.
[2] Die Werte für die relative Atommasse sind gerundet.
Die angegebenen Werte in eckigen Klammern sind die relativen Atommassen des längstlebigen z. Z. bekannten Nuklids des betreffenden Elements.

➡ 5/1

Oxid

Chemische Verbindung, die aus einem Element und dem Element Sauerstoff zusammengesetzt ist.

■ **Oxid mit sauren Eigenschaften:**
Nichtmetalloxid, das mit Wasser eine Säurelösung bildet: Kohlendioxid CO_2

Oxid mit basischen Eigenschaften:
Metalloxid, das mit Wasser eine Baselösung bildet: Kalziumoxid CaO

Oxid mit sauren und basischen Eigenschaften:
Oxid, das mit einer Säure wie eine Base und mit einer Base wie eine Säure reagiert: Aluminiumoxid Al_2O_3

↗ Eigenschaften der Oxide S. 38; Namen S. 64

Säure

Chemische Verbindung, deren wäßrige Lösung frei bewegliche, positiv elektrisch geladene Wasserstoff-Ionen und frei bewegliche, negativ elektrisch geladene Säurerest-Ionen enthält.

■ $H_2SO_4 \rightleftharpoons 2\,H^+ + SO_4^{2-}$
Schwefelsäure

$CH_3COOH \rightleftharpoons H^+ + CH_3COO^-$
Äthansäure

↗ Namen S. 66; Elektrolytische Dissoziation S. 48

Base

Chemische Verbindung, deren wäßrige Lösung frei bewegliche, positiv elektrisch geladene Metall-Ionen und frei bewegliche, negativ elektrisch geladene Hydroxid-Ionen enthält.

■ $Ca(OH)_2 \rightleftharpoons Ca^{2+} + 2\,OH^-$
Kalziumhydroxid

↗ Namen S. 66; Elektrolytische Dissoziation S. 48

Salz

Chemische Verbindung, deren wäßrige Lösung frei bewegliche, positiv elektrisch geladene Ionen (meist Metall-Ionen) und frei bewegliche, negativ elektrisch geladene Säurerest-Ionen enthält.

■ $NaNO_3 \rightleftharpoons Na^+ + NO_3^-$
Natriumnitrat

$CH_3{-}COONa \rightleftharpoons CH_3{-}COO^- + Na^+$
Natriumazetat

↗ Namen S. 66; Elektrolytische Dissoziation S. 48

Darstellung einiger Klassen anorganischer Stoffe

■

Klasse	Ausgangsstoffe		Reaktionsprodukte
Oxid	**Metall + Sauerstoff**	→	**Metalloxid**
	$2\,Mg + O_2$	→	$2\,MgO$
	Nichtmetall + Sauerstoff	→	**Nichtmetalloxid**
	$2\,H_2 + O_2$	→	$2\,H_2O$
Säure	**Nichtmetalloxid + Wasser**	→	**Säurelösung**
	$SO_2 + H_2O$	→	$2\,H^+ + SO_3^{2-}$
Base	**Metalloxid + Wasser**	→	**Baselösung**
	$CaO + H_2O$	→	$Ca^{2+} + 2\,OH^-$
	unedles Metall + Wasser	→	**Baselösung + Wasserstoff**
	$2\,Na + 2\,H_2O$	→	$2\,Na^+ + 2\,OH^- + H_2$
Salz	**Baselösung + Säurelösung**	→	**Salzlösung + Wasser**
	$Na^+ + OH^- + H^+ + Cl^-$	→	$Na^+ + Cl^- + H_2O$
	Metalloxid + Säurelösung	→	**Salzlösung + Wasser**
	$MgO + 2\,H^+ + SO_4^{2-}$	→	$Mg^{2+} + SO_4^{2-} + H_2O$
	Metall + Nichtmetall	→	**Salz**
	$Cu + Cl_2$	→	$CuCl_2$
	unedles Metall + Säurelösung	→	**Salzlösung + Wasserstoff**
	$Zn + 2\,H^+ + 2\,Cl^-$	→	$Zn^{2+} + 2\,Cl^- + H_2$

↗ Einteilung der Stoffe S. 8; Arten chemischer Reaktionen S. 44

5.2. Namen anorganischer Verbindungen

IUPAC-Regeln

Regeln für den internationalen Gebrauch von Namen und Zeichen für chemische Elemente und Verbindungen, die von der Wissenschaftsorganisation „International Union of Pure and Applied Chemistry (IUPAC)“ ausgearbeitet wurden. Ziel der Regeln ist die Übereinstimmung der Zeichen und die weitgehende Übereinstimmung der Namen für die Wissenschaft in den verschiedenen Sprachen.

➡ 5/2

Aus den Regeln ergeben sich für die Wissenschaft Festlegungen für die Schreibweise der Namen.

Festlegung	Schreibweise nach Duden	Wissenschaftliche Schreibweise
Schreibweise der Namen mit **c** statt mit **k** und **z**	**K**al**z**ium**k**arbonat Sili**z**iumdioxid	**C**al**c**ium**c**arbonat Sili**c**iumdioxid
Angleichung des Elementnamens an das Symbol	**W**ismut Bi **K**obalt Co	**B**ismut Bi **C**obalt Co
Endung **ium** in Namen von Metallen	Chrom Uran	Chrom**ium** Uran**ium**

Namen von Verbindungen aus zwei Elementen

Allgemeine Regeln. Die Namen von anorganischen Verbindungen aus zwei Elementen werden aus den Namen der beiden enthaltenen Elemente gebildet. Der Name des Elements mit dem kleineren Elektronegativitätswert wird (meist unverändert) im Namen der Verbindung zuerst genannt. Der Name (oder der Wortstamm des lateinischen Namens) des Elements mit dem größeren Elektronegativitätswert wird mit der Endung **id** versehen und an den Namen des Elements mit dem kleineren Elektronegativitätswert angefügt.

↗ Periodensystem der Elemente

Namen der Elemente mit dem größeren Elektronegativitätswert

Element	Name mit Endung	Name	Formel
Sauerstoff	**Oxid**	Schwefeltrioxid	SO_3
Stickstoff	**Nitrid**	Magnesiumnitrid	Mg_3N_2
Kohlenstoff	**Karbid**	Kalziumkarbid	CaC_2

Namen von Verbindungen aus einem Metall und einem Nichtmetall sind zusammengesetzt aus:

- dem Namen des Elements mit dem kleineren Elektronegativitätswert;
- der Wertigkeit (Oxydationszahl) dieses Elements, angegeben in römischen Ziffern, in Klammern gesetzt und mit einem Bindestrich versehen;
- dem Namen (oder dem Wortstamm des lateinischen Namens) des Elements mit dem größeren Elektronegativitätswert, versehen mit der Endung **id**.

■ Verbindung zwischen Eisen und Chlor: Formel $FeCl_3$

Name des 1. Elements (kleinerer Elektronegativitätswert)	Wertigkeit (Oxydationszahl) des 1. Elements	Name des 2. Elements (größerer Elektronegativitätswert), mit der Endung id
Eisen	(III)-	chlorid
Eisen(III)-chlorid		

Wenn nur eine Verbindung zwischen beiden Elementen existiert, entfällt die Angabe der Wertigkeit (Oxydationszahl).
Diese Kennzeichnung kann auch für Verbindungen aus zwei Nichtmetallen angewandt werden.

■ Phosphor(V)-oxid

Namen von Verbindungen aus zwei Nichtmetallen sind zusammengesetzt aus:

- der Anzahl der Atome (je Molekül) des Elements mit dem kleineren Elektronegativitätswert, angegeben in griechischen Zahlwörtern;
- dem Namen des Elements mit dem kleineren Elektronegativitätswert;
- der Anzahl der Atome (je Molekül) des Elements mit dem größeren Elektronegativitätswert, angegeben in griechischen Zahlwörtern;
- dem Namen (oder dem Wortstamm des lateinischen Namens) des Elements mit dem größeren Elektronegativitätswert, versehen mit der Endung **id.**

■ Verbindung zwischen Stickstoff und Sauerstoff: Formel N_2O_5

Anzahl der Atome des 1. Elements (kleinerer Elektronegativitätswert)	Name des 1. Elements (kleinerer Elektronegativitätswert)	Anzahl der Atome des 2. Elements (größerer Elektronegativitätswert)	Name des 2. Elements (größerer Elektronegativitätswert), mit der Endung id
Di	stickstoff	pent	oxid
Distickstoffpentoxid			

➡ 5/2

Ist im Molekül nur ein Atom des Elements mit dem kleineren Elektronegativitätswert enthalten, so entfällt die Angabe der Atomanzahl für dieses Element.

Angabe der Atomanzahl

1 mon(o)	3 tri	5 pent(a)	7 hept(a)
2 di	4 tetr(a)	6 hex(a)	

Namen von Hydroxiden

Die Namen von Hydroxiden sind zusammengesetzt aus:

- dem Namen des Metall-Ions;
- der Ladung (Oxydationszahl) des Metall-Ions, angegeben in römischen Ziffern, in Klammern gesetzt und mit Bindestrich versehen;
- dem Namen des Hydroxid-Ions.

Wenn das Metall-Ion nicht mit verschiedenen Ladungen auftreten kann, entfällt die Angabe der Ladung.

Formel des Hydroxids	Name des Metall-Ions	Ladung des Metall-Ions	Name des Hydroxid-Ions
$Ca(OH)_2$	Kalzium		hydroxid
	Kalziumhydroxid		

Namen von Säuren und Salzen

Für die anorganischen **Säuren** sind im allgemeinen keine systematischen Namen gebräuchlich.
Die Namen der **Salze** werden gebildet aus:

- dem Namen des Metall-Ions;
- der Ladung (Oxydationszahl) des Metall-Ions, angegeben in römischen Ziffern, in Klammern gesetzt und mit Bindestrich versehen;
- dem Namen des Säurerest-Ions.

Wenn das Metall-Ion nicht mit verschiedenen Ladungen auftreten kann, fällt die Angabe der Ladung weg.

Formel des Salzes	Ionen	Name des Metall-Ions	Ladung des Metall-Ions	Name des Säurerest-Ions
$CuSO_4$	Cu^{2+}; SO_4^{2-}	Kupfer	(II)-	sulfat
		Kupfer(II)-sulfat		

Namen von Säurerest-Ionen

Säure		Säurerest-Ion	
Name	Formel	Name	Chemisches Zeichen
Fluorwasserstoffsäure (Flußsäure)	HF	**Fluorid-Ion**	F^-
Chlorwasserstoffsäure (Salzsäure)	HCl	**Chlorid-Ion**	Cl^-
Bromwasserstoffsäure	HBr	**Bromid-Ion**	Br^-
Jodwasserstoffsäure	HI	**Jodid-Ion**	I^-
Schwefelwasserstoffsäure	H_2S	**Sulfid-Ion**	S^{2-}
schweflige Säure	H_2SO_3	**Sulfit-Ion**	SO_3^{2-}
Schwefelsäure	H_2SO_4	**Sulfat-Ion**	SO_4^{2-}
salpetrige Säure	HNO_2	**Nitrit-Ion**	NO_2^-
Salpetersäure	HNO_3	**Nitrat-Ion**	NO_3^-
Phosphorsäure	H_3PO_4	**Phosphat-Ion**	PO_4^{3-}
Kohlensäure	H_2CO_3	**Karbonat-Ion**	CO_3^{2-}

Die Namen der Säurerest-Ionen enden auf **id** bei sauerstofffreien Säuren, auf **it** bei Säuren mit niedrigerem Sauerstoffanteil und auf **at** bei Säuren mit höherem Sauerstoffanteil.

■ Sulfid-Ion S^{2-} Säurerest-Ion der Schwefelwasserstoffsäure H_2S
Sulfit-Ion SO_3^{2-} Säurerest-Ion der schwefligen Säure H_2SO_3
Sulfat-Ion SO_4^{2-} Säurerest-Ion der Schwefelsäure H_2SO_4

5.3. Wasserstoff und I. Hauptgruppe des Periodensystems

Wasserstoff H_2

Farbloses, geruchloses Gas; geringste Dichte aller Gase; in Wasser wenig löslich, reagiert mit Sauerstoff; wirkt auf viele andere Stoffe reduzierend; verbrennt mit schwach bläulicher Flamme:

$$2\,H_2 + O_2 \longrightarrow 2\,H_2O; \qquad Q = -572\text{ kJ}$$

Wasserstoff-Sauerstoff-Gemische (Knallgas) reagieren beim Erhitzen, Wasserstoff-Chlor-Gemische (Chlorknallgas) auch bei Sonnenlichteinwirkung explosionsartig.

↗ Nachweis von Wasserstoff-Ionen S. 126; Verwendung S. 143

➡ 5/3

Übersicht über die Alkalimetalle

Name	Symbol	Molare Masse in $\frac{g}{mol}$	Dichte in $\frac{g}{cm^3}$	Schmelztemperatur in °C	Siedetemperatur in °C
Lithium	Li	6,94	0,53	180	1 330
Natrium	Na	22,99	0,97	98	892
Kalium	K	39,10	0,86	64	760
Rubidium	Rb	85,47	1,53	38,7	688
Zäsium	Cs	132,91	1,87	28,6	690
Franzium	Fr	223		27	680

Natrium Na

Silberweißes, sehr weiches Metall; reagiert heftig mit Sauerstoff; oxydiert an der Luft sehr schnell; Aufbewahrung unter Petroleum oder Paraffinöl; stark wasseranziehend, reagiert heftig mit Wasser:

$$2\,Na + 2\,H_2O \longrightarrow 2\,Na^+ + 2\,OH^- + H_2$$

Natriumhydroxid (Ätznatron) NaOH

Weißer, kristalliner Stoff; wasseranziehend, zerfließt an der Luft; stark ätzend (Gift Abteilung 2); in Wasser leicht löslich unter Wärmeentwicklung; wäßrige Lösung: **Natronlauge.**

↗ Verwendung S. 142

Natriumkarbonat (Soda) Na_2CO_3

Farblose, durchsichtige Kristalle, wasserfrei ein weißes Pulver; wasseranziehend, in Wasser leicht löslich.

↗ Verwendung S. 142

Natriumnitrat (Natronsalpeter) $NaNO_3$

Farblose Kristalle, die an der Luft zerfließen; in Wasser löslich; gibt beim Erhitzen Sauerstoff ab:

$$2\,NaNO_3 \longrightarrow 2\,NaNO_2 + O_2$$

im Gemisch mit brennbaren Stoffen explosiv.

Natriumchlorid (Kochsalz) NaCl

Farblose, würfelförmige Kristalle, die sich nach Würfelflächen spalten lassen; in Wasser fast unabhängig von der Temperatur leicht löslich.

↗ Struktur S. 32, Verwendung S. 130

Kalium K

Silberweißes, weiches Metall; reagiert heftig mit Sauerstoff; oxydiert daher an der Luft sehr schnell; Aufbewahrung unter Petroleum; stark wasseranziehend, reagiert sehr heftig mit Wasser unter Bildung von Wasserstoff und Kaliumhydroxidlösung; entstehender Wasserstoff wird durch die bei der Reaktion frei werdende Wärme entzündet.

Kaliumhydroxid (Ätzkali) KOH

Weißer, kristalliner Stoff; wasseranziehend, zerfließt an der Luft; stark ätzend (Gift Abteilung 2); leicht löslich in Wasser unter starker Wärmeabgabe; wäßrige Lösung: **Kalilauge**.

Kaliumnitrat (Kalisalpeter) KNO_3

Farblose Kristalle oder kristallines Pulver; in Wasser leicht löslich; gibt beim Erhitzen leicht Sauerstoff ab, wobei Kaliumnitrit entsteht; im Gemisch mit brennbaren Stoffen explosiv.

5.4. II. Hauptgruppe des Periodensystems

Übersicht über die Erdalkalimetalle

Name	Symbol	Molare Masse in $\frac{g}{mol}$	Dichte in $\frac{g}{cm^3}$	Schmelztemperatur in °C	Siedetemperatur in °C
Beryllium	Be	9,01	1,86	1 280	2 480
Magnesium	Mg	24,31	1,74	650	1 110
Kalzium	Ca	40,08	1,54	838	1 490
Strontium	Sr	87,62	2,67	770	1 380
Barium	Ba	137,33	3,50	714	1 640
Radium	Ra	226	5,0	700	1 530

Magnesium Mg

Silberweißes, glänzendes Metall; in trockener Luft fast unveränderlich; verbrennt mit weißer, sehr heller Flamme zu Magnesiumoxid; reagiert mit Säurelösungen unter Bildung von Wasserstoff und Salzlösungen.

Magnesiumoxid MgO

Weißes, lockeres Pulver; reagiert mit Wasser langsam zu Magnesiumhydroxidlösung; zieht aus der Luft Wasser an.

Kalzium Ca

Silberweißes, weiches Metall; reagiert beim Erhitzen heftig mit Sauerstoff; oxydiert an der Luft; Aufbewahrung unter Petroleum oder Paraffinöl; reagiert mit Wasser schneller als Magnesium, aber langsamer als die Alkalimetalle:

$$Ca + 2\,H_2O \longrightarrow Ca^{2+} + 2\,OH^- + H_2$$

Kalziumoxid (Branntkalk) CaO

Weißer, stückiger Stoff oder weißes Pulver; reagiert unter starker Wärmeabgabe mit Wasser zu Kalziumhydroxid.

↗ Herstellung S. 136; Verwendung S. 142

Kalziumhydroxid (Ätzkalk, Löschkalk) $Ca(OH)_2$

Weißes Pulver; ätzend; in Wasser löslich; wäßrige Lösung: **Kalkwasser**; Aufschlämmung: **Kalkmilch.**

↗ Herstellung S. 137

Kalziumkarbonat (Kalkstein) $CaCO_3$

Weißes Pulver oder kristalliner Stoff (Kalzit, Marmor); in Wasser schwer löslich; zersetzt sich beim Erhitzen (Kalkbrennen):

$$CaCO_3 \longrightarrow CaO + CO_2$$

↗ Verwendung S. 129

Kalziumkarbid CaC_2

Rein ein farbloser kristalliner Stoff; reagiert mit Wasser heftig und unter starker Wärmeabgabe:

$$CaC_2 + 2\,H_2O \longrightarrow C_2H_2 + Ca(OH)_2; \quad Q = -142{,}4\ kJ$$

↗ Herstellung S. 139; Verwendung S. 144

Kalziumsulfat (Anhydrit) $CaSO_4$

Weißes, kristallines Pulver; in Wasser schwer löslich; kristallisiert auch zusammen mit Wasser: **Gips**; beim vorsichtigen Erhitzen entsteht daraus gebrannter

Gips, der mit Wasser unter Volumenvergrößerung erhärtet; beim Erhitzen auf 500 ··· 600 °C wird Gips wasserfrei (Anhydrit) und erhärtet mit Wasser nicht mehr.

↗ Verwendung S. 129

5.5. III. Hauptgruppe des Periodensystems

Übersicht über die Borgruppe

Name	Symbol	Molare Masse in $\frac{g}{mol}$	Dichte in $\frac{g}{cm^3}$	Schmelztemperatur in °C	Siedetemperatur in °C
Bor	B	10,81	2,33	2 400	3 900
Aluminium	Al	26,98	2,70	660	2 450
Gallium	Ga	69,72	5,91	29,8	2 400
Indium	In	114,82	7,31	156,2	2 000
Thallium	Tl	204,37	11,85	303	1 460

Aluminium Al

Silberweißes Metall; gute elektrische Leitfähigkeit; dehnbar, günstiges Verhältnis von Dichte und Festigkeit; Oberfläche wird an der Luft oxydiert; Oxidschicht schützt jedoch vor weiterer Oxydation; von der Oxidschicht befreites Aluminium reagiert mit Säurelösungen und auch mit Baselösungen unter Bildung von Salzlösungen.

Aluminiumoxid (Tonerde) Al_2O_3

Weißes Pulver, in Wasser schwer löslich; reagiert mit Säurelösungen und auch mit Baselösungen unter Bildung von Salzlösungen; stark geglüht reagiert es mit Säurelösungen nicht.

Aluminiumhydroxid $Al(OH)_3$

Kann aus Lösungen als voluminöser, gallertartiger Niederschlag ausgefällt werden; reagiert mit Säurelösungen und mit Baselösungen unter Bildung von Salzlösungen.

➡ 5/6

5.6. IV. Hauptgruppe des Periodensystems

Übersicht über die Kohlenstoffgruppe

Name Symbol	Molare Masse in $\frac{g}{mol}$	Dichte in $\frac{g}{cm^3}$	Schmelz- temperatur in °C	Siede- temperatur in °C
Kohlenstoff C	12,01	Diamant 3,51 Graphit 2,26	Diamant 3 550 Graphit 3 730	4 830
Silizium Si	28,09	2,33	1 410	2 680
Germanium Ge	72,59	5,33	937	2 830
Zinn Sn	118,69	7,30	232	2 270
Blei Pb	207,19	11,34	327	1 740

Kohlenstoff C

Diamant: Farblose bis dunkle, stark lichtbrechende und glänzende Kristalle; härtester in der Natur vorkommender Stoff; spröde; gegen Säuren und Basen beständig; verbrennt in reinem Sauerstoff zu Kohlendioxid.

Graphit: schwarzgraue, schuppige Masse, die sich fettig anfühlt; sehr weich, färbt leicht ab; guter Leiter für Wärme und Elektrizität; hohe Temperaturbeständigkeit; beständig gegen die meisten Chemikalien; verbrennt in reinem Sauerstoff zu Kohlendioxid.
Beim Verbrennen kohlenstoffreicher Substanzen unter ungenügendem Luftzutritt entsteht **Ruß** (mikroskopisch kleine Graphitkristalle).

↗ Atomkristall S. 31

Kohlenmonoxid CO

Farbloses, geruchloses Gas; geringere Dichte als Luft, in Wasser wenig löslich; gefährliches Atemgift; verbrennt zu Kohlendioxid:

$$2\,CO + O_2 \longrightarrow 2\,CO_2$$

↗ Herstellung S. 137; Verwendung S. 146

Kohlendioxid CO_2

Farbloses, geruchloses Gas; größere Dichte als Luft; nicht brennbar, wirkt erstickend; in Wasser löslich, dabei geringe Reaktion mit Wasser zu Kohlensäure; läßt sich unter Druck zu farbloser Flüssigkeit verdichten; flüssiges Kohlendioxid wird bei starker Abkühlung fest („Trockeneis"), läßt sich durch Kohlenstoff zu Kohlenmonoxid reduzieren.

↗ Nachweis S. 127

Kohlensäure H_2CO_3

Existiert ausschließlich in wäßriger Lösung in nur sehr geringen Konzentrationen; leichtzersetzliche Säure; bildet Salze: **Karbonate**; sie werden durch fast alle Säuren unter Abgabe von Kohlendioxid zersetzt.

Silizium Si

Braunes Pulver oder dunkelgraue, sehr harte Kristalle; reagiert mit anderen Elementen erst bei hohen Temperaturen; beständig gegen Säuren, reagiert aber mit Baselösungen unter Bildung von Silikaten und Wasserstoff.

Siliziumdioxid (Quarz) SiO_2

Weißer, kristalliner Stoff, auch als gut ausgebildete farblose Kristalle vorkommend (Bergkristall); große Härte; beständig gegen Säuren, reagiert nur mit Fluorwasserstoff; reagiert mit Lösungen der Alkalimetallhydroxide unter Bildung von Silikaten und Wasser.

↗ Verwendung S. 130

Zinn Sn

Silberweißes, glänzendes Metall; geringe Härte, große Dehnbarkeit; beim Biegen knirschendes Geräusch (Zinnschrei), bei Zimmertemperatur gegen Luft und Wasser beständig; verbrennt bei starkem Erhitzen mit intensiv weißem Licht zu Zinn(IV)-oxid SnO_2; reagiert mit verdünnten Säuren zu Salzen und Wasserstoff.

Blei Pb

Bläulichweißes, glänzendes Metall; an der Luft infolge Oxydation grau; geringe Härte, große Dehnbarkeit; beim Erhitzen an der Luft Oxydation zu Blei(II)-oxid; beständig gegenüber Chlorwasserstoffsäure und Schwefelsäure, da die zunächst gebildeten Salze eine Schutzschicht bilden; reagiert mit Salpetersäure zu Blei(II)-nitrat.

↗ Nachweis von Blei-Ionen S. 127

5.7. V. Hauptgruppe des Periodensystems

Übersicht über die Stickstoffgruppe

Name Symbol	Molare Masse in $\frac{g}{mol}$	Dichte in $\frac{g}{cm^3}$	Schmelz-temperatur in °C	Siede-temperatur in °C
Stickstoff N	14,007 (N_2 : 28,013)	0,00125	−210	−195,8
Phosphor P	30,97	weiß 1,82 rot 2,35	weiß 44,1 rot 590	weiß 280 rot sublimiert bei 417
Arsen As	74,92	grau 5,72	grau 817	grau sublimiert bei 613
Antimon Sb	121,75	grau 6,68 gelb (unbeständig)	grau 630	grau 1 636
Wismut Bi	208,98	9,79	271	1 560

Stickstoff N_2

Farbloses, geruchloses Gas; etwas geringere Dichte als Luft; nicht brennbar, unterhält die Verbrennung nicht; in Wasser wenig löslich; im Normzustand sehr reaktionsträge; reagiert erst bei hohem Druck und erhöhter Temperatur mit Wasserstoff zu Ammoniak:

$$N_2 + 3\,H_2 \rightleftarrows 2\,NH_3; \qquad Q = -92{,}1\ \text{kJ}$$

Stickstoff läßt sich erst bei sehr hohen Temperaturen oxydieren.

↗ Luft S. 131

Stickstoffmonoxid NO

Farbloses Gas, in Wasser wenig löslich; gefährliches Atemgift; reagiert an der Luft mit Sauerstoff sofort zu Stickstoffdioxid:

$$2\,NO + O_2 \rightleftarrows 2\,NO_2; \qquad Q = -113{,}9\ \text{kJ}$$

Stickstoffdioxid NO_2

Rotbraunes Gas; reagiert mit Sauerstoff und Wasser zu Salpetersäure:

$$4\,NO_2 + O_2 + 2\,H_2O \longrightarrow 4\,HNO_3; \qquad Q = -904{,}3\ kJ$$

gefährliches Atemgift; löst sich in konzentrierter Salpetersäure (rote, rauchende Salpetersäure); starkes Oxydationsmittel, gibt oberhalb 200 °C Sauerstoff ab:

$$2\,NO_2 \rightleftharpoons 2\,NO + O_2$$

Salpetersäure HNO_3

Verdünnte Salpetersäure: farblose, geruchlose Flüssigkeit (ab 15%ig Gift Abteilung 2); reagiert mit unedlen Metallen unter Wasserstoffentwicklung; bildet Salze: **Nitrate.**

↗ Nachweis von Nitrat-Ionen S. 126

Konzentrierte Salpetersäure: farblose Flüssigkeit (Gift Abteilung 2); zerfällt unter Lichteinwirkung bereits bei Zimmertemperatur:

$$4\,HNO_3 \longrightarrow 2\,H_2O + 4\,NO_2 + O_2; \qquad Q = +904{,}3\ kJ$$

dabei gebildetes Stickstoffdioxid bleibt gelöst und färbt die Säure gelb bis rot; starkes Oxydationsmittel; entzündet leichtentflammbare Stoffe; reagiert infolge Oxydationswirkung auch mit edleren Metallen (außer Gold und Platin) unter Entwicklung von Stickstoffmonoxid.

$$3\,Cu + 2\,HNO_3 \longrightarrow 3\,CuO + H_2O + 2\,NO$$

$$CuO + 2\,HNO_3 \longrightarrow Cu(NO_3)_2 + H_2O;$$

reagiert mit Eiweißen unter Gelbfärbung (Xanthoproteinreaktion).

↗ Verwendung S. 142; Nachweis Eiweiße S. 128

Ammoniak NH_3

Farbloses, stechend riechendes Gas; brennt in Sauerstoff:

$$4\,NH_3 + 3\,O_2 \longrightarrow 2\,N_2 + 6\,H_2O; \qquad Q = -1\,532{,}4\ kJ$$

läßt sich katalytisch zu Stickstoffmonoxid und Wasser oxydieren:

$$4\,NH_3 + 5\,O_2 \xrightarrow{\text{Kat.}} 4\,NO + 6\,H_2O; \qquad Q = -906{,}9\ kJ$$

in Wasser leicht löslich, reagiert dabei teilweise mit Wasser:

$$NH_3 + H_2O \rightleftharpoons NH_4^+ + OH^-;$$

wäßrige Lösung heißt **Ammoniakwasser** (ab 10%ig Gift Abteilung 2). Ammoniak und Ammoniakwasser reagieren mit Säurelösungen unter Salzbildung: **Ammoniumsalze.**

↗ Herstellung S. 135; Verwendung S. 142; Nachweis S. 128

➡ 5/7

Ammoniumsulfat $(NH_4)_2SO_4$

Farblose Kristalle; in Wasser leicht löslich.

Ammoniumchlorid (Salmiak) NH_4Cl

Weißer, kristalliner Stoff; in Wasser leicht löslich (unter Abkühlung); zerfällt beim Erhitzen:

$NH_4Cl \rightleftharpoons NH_3 + HCl$;

reagiert mit Baselösungen:

$NH_4^+ + OH^- \rightleftharpoons NH_3 + H_2O$

↗ Nachweis von Ammonium-Ionen S. 128

Phosphor P

Weißer Phosphor: Weiße bis gelbliche Kristalle; bei Zimmertemperatur wachsweich; in Wasser schwer löslich, leicht löslich in Kohlendisulfid; reagiert heftig mit Sauerstoff; entzündet sich bei 50 °C, in feinverteilter Form bereits bei Zimmertemperatur; entwickelt an der Luft weißen Rauch (Phosphoroxide), leuchtet im Dunkeln; stark giftig (Gift Abteilung 1), wirkt ätzend; wandelt sich unter Lichteinwirkung langsam in roten Phosphor um; wird abgedunkelt unter Wasser aufbewahrt.

Roter Phosphor: dunkelrotes Pulver (Polymerisationsprodukt des weißen Phosphors); schwerlöslich in Wasser und Kohlendisulfid; weniger reaktionsfähig als weißer Phosphor; entzündet sich erst oberhalb 400 °C; leuchtet im Dunkeln nicht; ist giftig, weil häufig mit weißem Phosphor verunreinigt.

Phosphor(V)-oxid P_4O_{10}

Weißes, lockeres, stark wasseranziehendes Pulver; reagiert heftig unter Zischen mit Wasser:

$P_4O_{10} + 6\ H_2O \longrightarrow 4\ H_3PO_4$

Phosphorsäure H_3PO_4

Farblose, wasseranziehende Kristalle, in Wasser sehr leicht löslich; Lösungen je nach Konzentration dünnflüssig bis sirupartig; (ab 50%ig Gift Abteilung 2); dissoziiert:

$H_3PO_4 \rightleftharpoons 3\ H^+ + PO_4^{3-}$;

bildet Salze: **Phosphate.**

5.8. VI. Hauptgruppe des Periodensystems

Übersicht über die Chalkogene

Name Symbol	Molare Masse in $\frac{g}{mol}$	Dichte in $\frac{g}{cm^3}$	Schmelztemperatur in °C	Siedetemperatur in °C
Sauerstoff O	15,999 (O_2: 31,998)	0,001 4	−219	−183
Schwefel S	32,06	rhombisch 2,07 monoklin 1,96	113	445
Selen Se	78,96	grau 4,79 rot 4,47	218	685
Tellur Te	127,60	6,25	450	1 390
Polonium Po	209	9,4	254	962

Sauerstoff O_2

Farbloses, geruchloses, geschmackfreies Gas; etwas größere Dichte als Luft; in Wasser wenig, aber mehr als Stickstoff löslich; brennt nicht, unterhält aber die Verbrennung und verbindet sich dabei mit dem brennenden Stoff (Oxydationsmittel).

↗ Redoxreaktion S. 44; Luft S. 131

Schwefel S_8

Gelber kristalliner Stoff; geringe Härte, spröde, in Wasser praktisch unlöslich, in Kohlendisulfid leicht löslich; verbrennt mit blauer Flamme zu Schwefeldioxid; verbindet sich in der Wärme mit Metallen zu Sulfiden, mit Wasserstoff zu Schwefelwasserstoff, mit Kohlenstoff zu Kohlendisulfid.

↗ Verwendung S. 142

Schwefelwasserstoff H_2S

Farbloses, unangenehm riechendes Gas; sehr gefährliches Atemgift; in Wasser etwas löslich, dabei Bildung der Schwefelwasserstoffsäure; reagiert mit Schwermetallsalzlösungen unter Bildung schwer löslicher Salze: **Sulfide;** verbrennt an der Luft mit bläulicher Flamme:

$$2\,H_2S + 3\,O_2 \longrightarrow 2\,H_2O + 2\,SO_2$$

Schwefeldioxid SO_2

Farbloses, stechend riechendes Gas; Atemgift; nicht brennbar, unterhält die Verbrennung nicht; verbindet sich mit Sauerstoff nur katalytisch zu Schwefeltrioxid:

$$2\,SO_2 + O_2 \overset{\text{Kat.}}{\rightleftharpoons} 2\,SO_3; \quad Q = -198\ \text{kJ}$$

in Wasser löslich, dabei teilweise Reaktion zu schwefliger Säure:

$$H_2O + SO_2 \rightleftharpoons 2\,H^+ + SO_3^{2-}$$

reagiert mit Metalloxiden oder Hydroxidlösungen unter Bildung von Sulfiten.

↗ Herstellung S. 134

Schwefeltrioxid SO_3

Farblose Nadeln, die bereits bei etwa 17 °C schmelzen; reagiert mit Wasser sehr heftig unter Wärmeabgabe zu Schwefelsäure; bildet an der Luft dichte, weiße Nebel, die sich schwer in Wasser lösen und dabei nur langsam Schwefelsäure bilden.

↗ Herstellung S. 134

Schweflige Säure H_2SO_3

Existiert nur in wäßriger Lösung; farblose Flüssigkeit; stechender Geruch nach Schwefeldioxid; zerfällt beim Erwärmen:

$$H_2SO_3 \rightleftharpoons H_2O + SO_2;$$

bildet Salze: **Sulfite.**

Schwefelsäure H_2SO_4

Verdünnte Schwefelsäure: farblose, geruchlose Flüssigkeit; (ab 15%ig Gift Abteilung 2); dissoziiert:

$$H_2SO_4 \rightleftharpoons 2\,H^+ + SO_4^{2-}$$

reagiert mit unedlen Metallen unter Wasserstoffentwicklung; bildet Salze: **Sulfate.**

Konzentrierte Schwefelsäure: farblose, geruchlose, ölige Flüssigkeit; stark ätzend (Gift Abteilung 2); stark wasseranziehend, mischt sich mit Wasser unter Wärmeabgabe (Säure in Wasser gießen!); setzt sich infolge Oxydationswirkung auch mit edleren Metallen zu Sulfaten um.

↗ Nachweis von Sulfat-Ionen S. 127; Herstellung S. 134; Verwendung S. 142

Selen Se

Graues Selen: grauschwarzer, kristalliner Stoff (Metallkristall); praktisch unlöslich in Kohlendisulfid; geringe elektrische Leitfähigkeit, die bei Belichtung zunimmt (Selenzelle).

Rotes Selen: roter, kristalliner Stoff (Se_8-Moleküle) oder amorph; löslich in Kohlendisulfid; wandelt sich oberhalb 100 °C in graues Selen um.

5.9. VII. Hauptgruppe des Periodensystems

Übersicht über die Halogene

Name Symbol	Molare Masse in $\frac{g}{mol}$	Dichte in $\frac{g}{cm^3}$	Schmelztemperatur in °C	Siedetemperatur in °C
Fluor F	18,998 (F_2 : 37,996)	0,00169	—220	—188
Chlor Cl	35,45 (Cl_2 : 70,90)	0,00321	—101	— 35
Brom Br	79,90 (Br_2 : 159,80)	3,14	— 7	58,2
Jod I	126,9 (I_2 : 253,80)	4,94	114	182,8
Astat At	210		302	355

Chlor Cl_2

Gelbgrünes, stechend riechendes Gas; größere Dichte als Luft; nicht brennbar; starkes Atemgift (Gift Abteilung 2); feucht wirkt es desinfizierend und bleichend; in Wasser leicht löslich; einer der reaktionsfähigsten Stoffe, reagiert mit den meisten Elementen schon bei niedrigen Temperaturen unter Wärmeabgabe und teilweise mit Feuererscheinungen; Chlor-Wasserstoff-Gemisch reagiert bei Einwirkung des Sonnenlichts explosionsartig (Chlorknallgas):

$$H_2 + Cl_2 \longrightarrow 2\,HCl$$

↗ Verwendung S. 142

➡ 5/9

Chlorwasserstoff HCl

Farbloses, stechend riechendes Gas; Atemgift; stark wasseranziehend, bildet daher an der Luft Nebel; sehr leicht löslich in Wasser; in wäßriger Lösung Säure: **Chlorwasserstoffsäure** oder **Salzsäure** (ab 15%ig Gift Abteilung 2), bildet Salze: **Chloride.**

↗ Nachweis von Chlorid-Ionen S. 127

Brom Br_2

Dunkelbraune Flüssigkeit, einziges bei Zimmertemperatur flüssiges Nichtmetall; entwickelt schon bei Zimmertemperatur rotbraune Dämpfe von unangenehmem, erstickend wirkendem Geruch; gefährliches Atemgift (Gift Abteilung 2), wirkt stark ätzend; in Wasser weniger löslich als Chlor; reagiert mit den meisten Elementen, teilweise unter Feuererscheinung; Bromdampf verbindet sich mit Wasserstoff zu Bromwasserstoff.

Bromwasserstoff HBr

Farbloses, stechend riechendes Gas; giftig (Gift Abteilung 2); stark wasseranziehend, bildet an der Luft Nebel; in wäßriger Lösung Säure: **Bromwasserstoffsäure**, bildet Salze: **Bromide.**

↗ Nachweis von Bromid-Ionen S. 127

Jod I_2

Blauschwarze, metallisch glänzende Kristallplättchen; bildet beim Erhitzen violette, ätzende Dämpfe, die beim Abkühlen festes Jod bilden; in Wasser wenig löslich: **Jodwasser** (gelbe Färbung); in Äthanol löslich: **Jodtinktur** (braune Färbung); reagiert mit Wasserstoff zu Jodwasserstoff.

Jodwasserstoff HI

Farbloses, stechend riechendes Gas; hohe Dichte; ätzend; stark wasseranziehend; bildet an der Luft Nebel; in Wasser löslich; in wäßriger Lösung leicht zersetzliche Säure: **Jodwasserstoffsäure**, bildet Salze: **Jodide.**

↗ Nachweis von Jodid-Ionen S. 127

5.10. VIII. Hauptgruppe des Periodensystems

Übersicht über die Edelgase

Name Symbol	Molare Masse in $\frac{g}{mol}$	Dichte in $\frac{g}{cm^3}$	Schmelztemperatur in °C	Siedetemperatur in °C
Helium He	4,003	0,00018	−270	−269
Neon Ne	20,18	0,0009	−249	−246
Argon Ar	39,95	0,00178	−189	−186
Krypton Kr	83,80	0,0037	−157,2	153,2
Xenon Xe	131,30	0,00589	−111,9	−108,1
Radon Ra	222	0,00996	−71	−62

Helium He

Farbloses, geruchloses Gas; wesentlich geringere Dichte als Luft; außerordentliche Reaktionsträgheit; keine Verbindungen bekannt.

5.11. Nebengruppen des Periodensystems

Kupfer Cu

Rötliches bis gelbrotes Metall; verhältnismäßig weich, dabei zäh und dehnbar; sehr gute Leitfähigkeit für Wärme und Elektrizität; oxydiert an der Luft oberflächlich zu Kupfer(I)-oxid, beim Erhitzen zu Kupfer(II)-oxid; reagiert mit oxydierenden Säuren unter Bildung von Salzen.

Silber Ag

Weißglänzendes Edelmetall; verhältnismäßig weich; äußerst dehnbar; höchste Leitfähigkeit für Wärme und Elektrizität von allen Metallen; gegen Luft, Wasser und die meisten Säuren beständig; reagiert mit Schwefel oder Schwefelwasserstoffverbindungen zu Silbersulfid, mit oxydierenden Säuren zu Silbersalzen.

6 [03 09 07]

➡ 5/11

Gold Au

Gelbes, weiches Edelmetall; größte Dehnbarkeit und Geschmeidigkeit aller Metalle, gute Leitfähigkeit für Wärme und Elektrizität; beständig gegen Luft, Wasser und die meisten Chemikalien; reagiert mit starken Oxydationsmitteln, wie Chlor (bei erhöhter Temperatur) und Königswasser (Gemisch von konzentrierter Salpetersäure und konzentrierter Chlorwasserstoffsäure).

Zink Zn

Bläulichweißes Metall; geringe Härte; spröde, läßt sich jedoch zwischen 100 °C und 150 °C leicht walzen und ziehen; oberhalb 205 °C wiederum spröde; an der Luft beständig, da es sich mit einer dünnen Schutzschicht von Zinkoxid überzieht; verbrennt bei Siedetemperatur mit heller, bläulichweißer Flamme zu einem weißen Rauch von Zinkoxid; reagiert mit verdünnten Säuren unter Bildung von Salzen und Wasserstoff.

Quecksilber Hg

Silberweiß, glänzend; einziges bei Zimmertemperatur flüssiges Metall; elektrische Leitfähigkeit gering; stark giftig; an der Luft beständig; reagiert mit den meisten Säuren nicht, mit oxydierenden Säuren unter Salzbildung; reagiert mit Schwefel und Halogenen; bildet mit vielen Metallen Legierungen (Amalgame).

Eisen Fe

Silberweißes, glänzendes Metall; verhältnismäßig weich und zäh, dehnbar; stark ferromagnetisch; unedles Metall, rostet an feuchter Luft; zersetzt in der Wärme Wasserdampf; wird beim Glühen an der Luft zu Eisen(III)-oxid und Eisen(II,III)-oxid oxydiert; reagiert mit verdünnten Säuren unter Bildung von Salzlösungen und Wasserstoff.

↗ Herstellung S. 133; Verwendung S. 143

Organische Stoffe

6.1. Grundbegriffe der organischen Chemie

Kettenförmige Kohlenstoffverbindungen

Verbindungen, in deren Molekülen die Kohlenstoffatome kettenförmig miteinander verbunden sind:

- Unverzweigte Kette: Butan

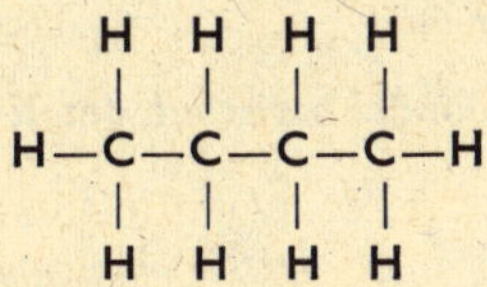

Strukturformel

C_4H_{10}
Summenformel

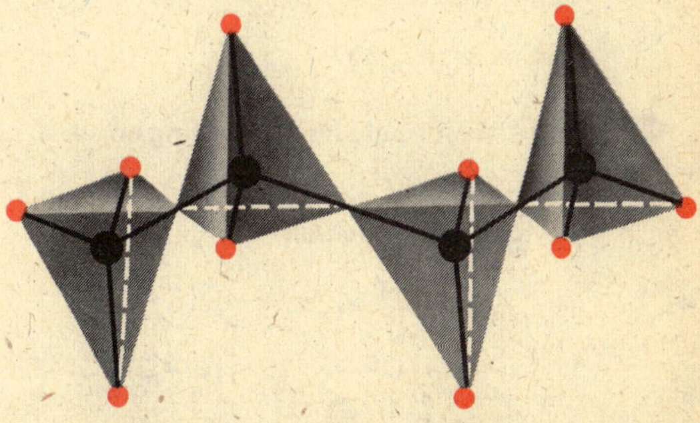

räumliche Anordnung der Atome im Molekül

- Verzweigte Kette: Methylpropan

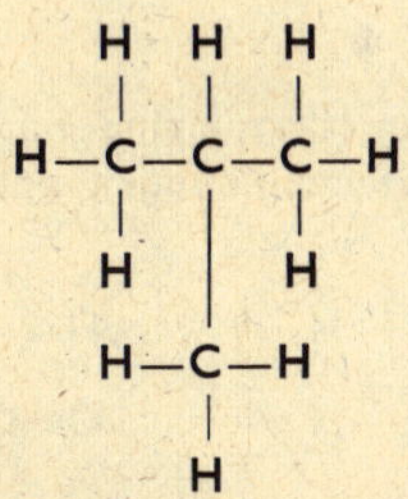

Strukturformel

C_4H_{10}
Summenformel

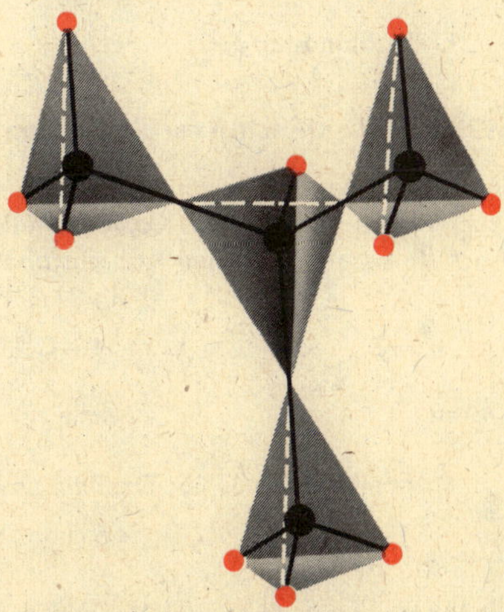

räumliche Anordnung der Atome im Molekül

↗ Struktur S. 30; Namen S. 87

➡ 6/1

Ringförmige Kohlenstoffverbindungen

Verbindungen, in deren Molekülen die Kohlenstoffatome ringförmig miteinander verbunden sind:

■ 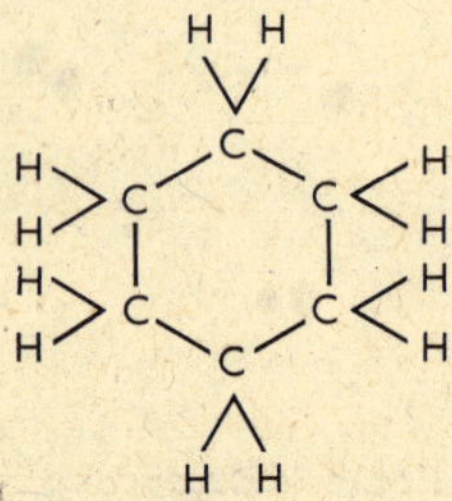

Zyklohexan

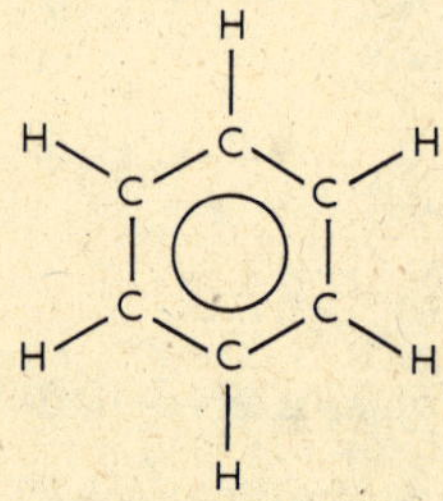

Benzen

↗ Struktur S. 30

Gesättigte Kohlenstoffverbindungen

Verbindungen, in deren Molekülen nur Einfachbindungen zwischen den Kohlenstoffatomen bestehen.

■ 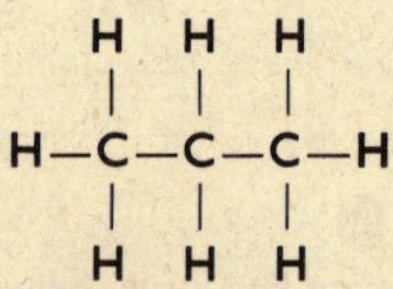

Propan

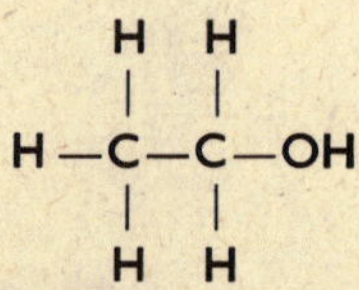

Äthanol

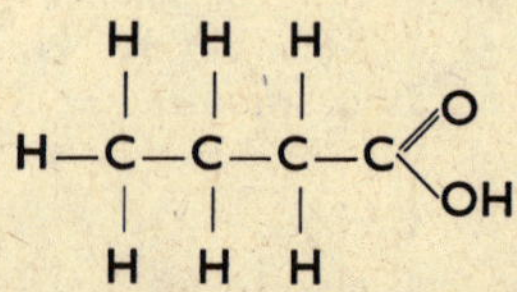

Butansäure

↗ Einfachbindung S. 26

Ungesättigte Kohlenstoffverbindungen

Verbindungen, in deren Molekülen Mehrfachbindungen (Doppelbindung, Dreifachbindung) zwischen Kohlenstoffatomen oder Mehrfachbindungen und Einfachbindungen zwischen Kohlenstoffatomen bestehen.

■ 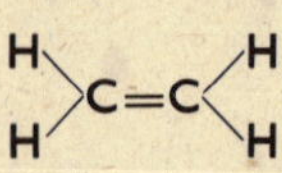

Äthen

$H-C\equiv C-H$

Äthin

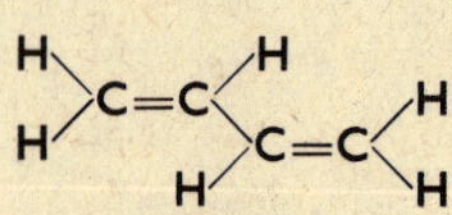

Buta-1,3-dien

↗ Doppelbindung S. 26; Dreifachbindung S. 27

Homologe Reihe

Reihe chemisch ähnlicher Verbindungen, bei der zwischen den Formeln zweier aufeinanderfolgender Verbindungen stets die gleiche Differenz „CH_2" auftritt. Die chemischen Eigenschaften der Verbindungen einer homologen Reihe stimmen infolge der gemeinsamen Strukturmerkmale weitgehend überein. Die unterschiedliche Molekülgröße und die Struktur der Verbindungen einer homologen Reihe haben jedoch unterschiedliche physikalische Eigenschaften zur Folge. Die Verbindungen einer homologen Reihe heißen **Homologe.**

- Alkane CH_4 Methan, 1 Kohlenstoffatom; C_2H_6 Äthan, 2 Kohlenstoffatome; C_3H_8 Propan, 3 Kohlenstoffatome

Isomere Kohlenstoffverbindungen

Verbindungen mit gleicher Summenformel, die sich voneinander durch die Anordnung der Atome in den Molekülen unterscheiden. Die unterschiedliche Struktur der Moleküle bedingt auch unterschiedliche Eigenschaften der Verbindungen.

- Unterschiedlicher Bau der Kohlenstoffkette: C_5H_{12}

$CH_3-CH_2-CH_2-CH_2-CH_3$

Pentan

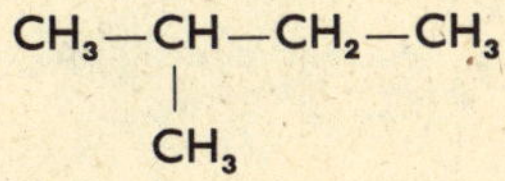

2-Methyl-butan

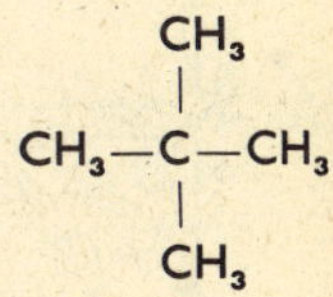

2,2-Dimethylpropan

- Unterschiedliche Lage von Mehrfachbindungen: C_4H_6

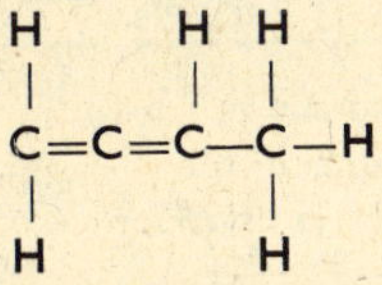

Buta-1,2-dien

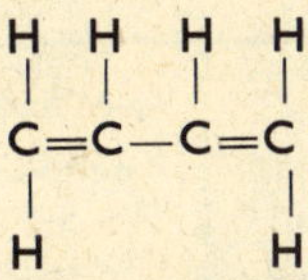

Buta-1,3-dien

- Unterschiedliche Stellung von Substituenten: $C_2H_4Br_2$

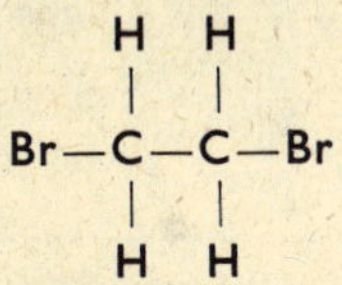

1,2-Dibrom-äthan

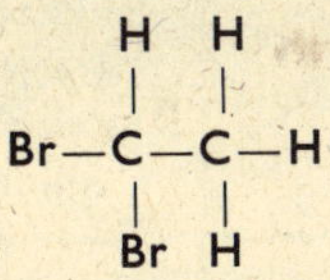

1,1-Dibrom-äthan

Funktionelle Gruppen

Atomgruppen in Molekülen, die weitgehend die chemischen Reaktionen von organischen Stoffen bestimmen.

- **Hydroxylgruppe** —OH
  Aldehydgruppe —CHO
  Karboxylgruppe —COOH
  Aminogruppe $-NH_2$

➡ 6/1

Kohlenwasserstoffreste

Atomgruppen, die ein Wasserstoffatom weniger besitzen als die Kohlenwasserstoffmoleküle, von denen sie abgeleitet sind; Symbol: **-R**.

■ **Methyl**	$-CH_3$	Methan	CH_4
Äthyl	$-C_2H_5$	Äthan	C_2H_6
Äthenyl	$-CH{=}CH_2$	Äthen	$CH_2{=}CH_2$

Strukturmerkmale und chemische Reaktionen organischer Stoffe

Strukturmerkmale	Mögliche chemische Reaktionen	■
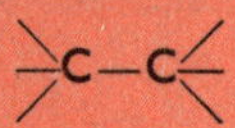	Substitutionsreaktion Eliminierungsreaktion	Reaktion von Methan mit Chlor, Zerfall von Äthan in Äthen und Wasserstoff (Dehydrierung)
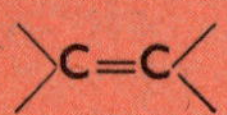	Additionsreaktion	Reaktion von Äthen mit Brom, Zusammenlagerung von Äthen (Polymerisation)
$-C{\equiv}C-$	Additionsreaktion	Reaktion von Äthin mit Chlorwasserstoff, oder mit Wasserstoff
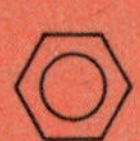	Substitutionsreaktion Additionsreaktion	Reaktion von Benzen mit Brom, Reaktion von Benzen mit Wasserstoff (Hydrierung)
$-OH$	Substitutionsreaktion Eliminierungsreaktion	Reaktion von Äthanol mit Natrium, Reaktion von Äthanol mit Äthansäure (Veresterung/Kondensation) Umwandlung von Äthanol in Äthanal (Dehydrierung)
$-CHO$	Additionsreaktion Redoxreaktion	Reaktion von Äthanal mit Wasserstoff (Hydrierung), Reaktion von Äthanal mit Sauerstoff (Oxydation), Reaktion von Äthanal mit Fehlingscher Lösung
$-COOH$	Substitutionsreaktion	Reaktion von Äthansäure mit Äthanol (Veresterung/Kondensation)

↗ Arten chemischer Reaktionen S. 44

6.2. Namen organischer Verbindungen

Systematische Namen

Namen für organische Verbindungen, die nach einheitlichen Regeln gebildet werden; geben die Zusammensetzung und die Struktur der Verbindungen an.

↗ IUPAC-Regeln S. 63

Aus den Regeln ergeben sich für die Wissenschaft Festlegungen für die Schreibweise der Namen.

Festlegung	Schreibweise nach Duden	Wissenschaftliche Schreibweise
Schreibweise der Namen mit **c** statt mit **k** und **z**	De**k**an **Z**y**k**lohexan **K**arbonsäure A**z**etat	De**c**an **C**y**c**lohexan **C**arbonsäure A**c**etat
Schreibweise **Eth** für den Wortstamm **Äth**	**Äth**in **Äth**anol **Äth**ansäure	**Eth**in **Eth**anol **Eth**ansäure

Trivialnamen

Historisch entstandene Namen; lassen in den meisten Fällen Zusammensetzung und Struktur der Verbindung nicht erkennen; werden in der Industrie und in der Wissenschaft häufig verwendet.

■

Trivialname	Systematischer Name
Chloroform Formaldehyd Essigsäure Traubenzucker	Trichlormethan Methanal Äthansäure (Ethansäure) Glukose (Glucose)

Namen unverzweigter kettenförmiger Kohlenwasserstoffe

Die systematischen Namen unverzweigter kettenförmiger Kohlenwasserstoffe sind zusammengesetzt aus:

- einem Wortstamm, der die Anzahl der Kohlenstoffatome im Molekül angibt;
- arabischen Ziffern mit Bindestrichen, die die Stellung der Mehrfachbindungen angeben (Die Kohlenstoffatome werden fortlaufend beziffert, beginnend an dem Ende der Kette, dem eine Mehrfachbindung am nächsten liegt.);
- einer Endung, die die Bindungen zwischen den Kohlenstoffatomen charakterisiert.

➡ 6/2

	Wortstamm (Anzahl der Kohlenstoffatome)	arabische Ziffern (Stellung der Bindung)	Endung (Bindungsverhältnisse)
Name der Verbindung	But	-1-	en
	But-1-en		
Angaben	unverzweigte Kette aus 4 Kohlenstoffatomen	Doppelbindung am 1. Kohlenstoffatom	1 Doppelbindung
Strukturformel	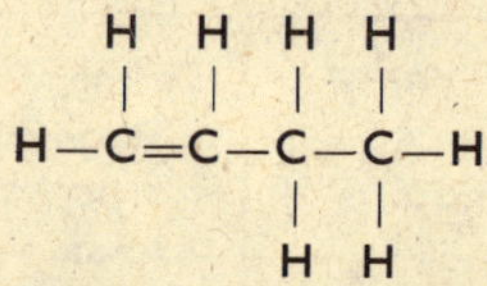		

Wortstämme

Anzahl der Kohlenstoffatome in der Kette	Wortstamm	Anzahl der Kohlenstoffatome in der Kette	Wortstamm
1	Meth	11	Undek (Undec)
2	Äth (Eth)	12	Dodek (Dodec)
3	Prop	13	Tridek (Tridec)
4	But	14	Tetradek (Tetradec)
5	Pent	15	Pentadek (Pentadec)
6	Hex	16	Hexadek (Hexadec)
7	Hept	17	Heptadek (Heptadec)
8	Okt (Oct)	18	Oktadek (Octadec)
9	Non	19	Nonadek (Nonadec)
10	Dek (Dec)	20	Eikos

Endungen

Endung	Strukturmerkmal	Endung	Strukturmerkmal	Endung	Strukturmerkmal
an	$>C-C<$	**en**	$>C=C<$	**in**	$-C\equiv C-$

Namen verzweigter kettenförmiger Kohlenwasserstoffe

Die systematischen Namen verzweigter kettenförmiger Kohlenwasserstoffe sind zusammengesetzt aus:

- arabischen Ziffern (mit Bindestrich), die die Stellung der Kohlenwasserstoffreste in den Seitenketten angeben;
- griechischen Zahlwörtern, die die Anzahl der Kohlenwasserstoffreste in den Seitenketten angeben;
- den Namen der Kohlenwasserstoffreste, die die Seitenketten bilden;
- dem Namen des Kohlenwasserstoffs in der Hauptkette.

Als Hauptkette gilt bei gesättigten Verbindungen der unverzweigte Kohlenwasserstoff, der der längsten Kohlenstoffkette im Molekül entspricht.

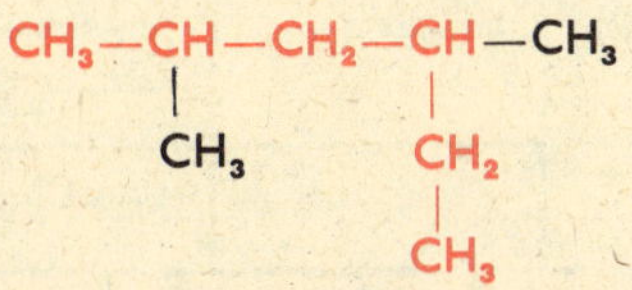

Hauptkette: Hexan

2,4-Dimethylhexan

	Stellung der Kohlenwasserstoffreste	Anzahl der Kohlenwasserstoffreste	Namen der Kohlenwasserstoffreste, die Seitenketten bilden	Name des Kohlenwasserstoffs in der Hauptkette
Name der Verbindung	2,4-	Di	methyl-	pentan
	2,4-Dimethyl-pentan			
Angaben	1 Rest am 2. Kohlenstoffatom; 1 Rest am 4. Kohlenstoffatom	2	Methylrest	5 Kohlenstoffatome bilden im Molekül die längste unverzweigte Kohlenstoffkette
Vereinfachte Strukturformel	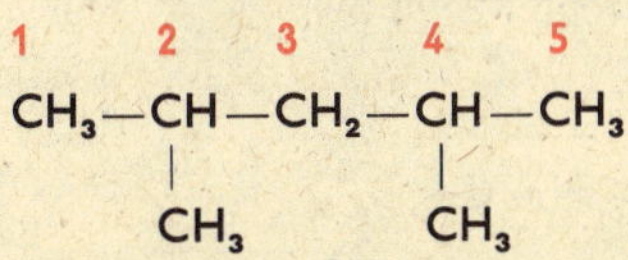			

➡ 6/2

Namen von Verbindungen mit funktionellen Gruppen im Molekül

Die systematischen Namen der wichtigsten Verbindungen mit einer oder mehreren gleichen funktionellen Gruppen im Molekül sind zusammengesetzt aus:

- dem Namen des Kohlenwasserstoffs mit der gleichen Anzahl von Kohlenstoffatomen;
- arabischen Ziffern (mit Bindestrichen), die die Stellung der funktionellen Gruppen angeben;
- griechischen Zahlwörtern, die die Anzahl der funktionellen Gruppen angeben;
- einer Endung, die die Art der funktionellen Gruppen angibt.

	Name des Kohlenwasserstoffs	Stellung der funktionellen Gruppen	Anzahl der funktionellen Gruppen	Endung (Art der funktionellen Gruppen)
Name der Verbindung	Butan	-1-		ol
	Butan-1-ol			
Angaben	unverzweigter Kohlenwasserstoff mit 4 Kohlenstoffatomen und Einfachbindungen zwischen den Kohlenstoffatomen	am 1. Kohlenstoffatom	1	Hydroxylgruppe
Strukturformel	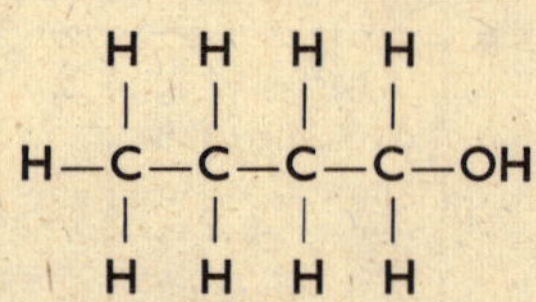			

Die Numerierung der Kohlenstoffatome beginnt an dem Ende der Kette, das einer funktionellen Gruppe am nächsten ist, oder am Kohlenstoffatom der funktionellen Gruppe.

■ 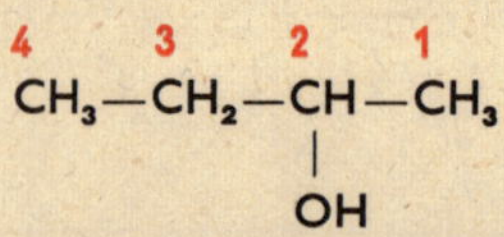

Butan-2-ol

Enthält die Verbindung zwei verschiedene funktionelle Gruppen, so wird die zweite funktionelle Gruppe im Namen durch eine Vorsilbe gekennzeichnet. Den Vorsilben vorangestellte arabische Ziffern mit Bindestrich geben die Stellung, griechische Zahlwörter die Anzahl dieser funktionellen Gruppen an.

	Zweite funktionelle Gruppe		Name des Kohlenwasserstoffs	Erste funktionelle Gruppe
	Stellung	Art		
Name der Verbindung	2-	Amino-	äthan	säure
	2-Amino-äthansäure			
Angaben	am 2. Kohlenstoffatom	Aminogruppe	unverzweigter Kohlenwasserstoff mit Einfachbindung zwischen 2 Kohlenstoffatomen	Karboxylgruppe
Vereinfachte Strukturformel	CH_2—COOH (an CH_2: | NH_2)			

Namen der funktionellen Gruppen in Verbindungen

Funktionelle Gruppe		Name als Vorsilbe	Name als Endung
Bezeichnung	Formel		
Hydroxylgruppe	—OH	**Hydroxy**	**ol**
Aldehydgruppe	—C(=O)H	**—**	**al**
Karboxylgruppe	—C(=O)OH	**Karboxy**	**säure**
Aminogruppe	$—NH_2$	**Amino**	**amin**

➡ 6/3

6.3. Kohlenwasserstoffe

Charakteristik der Kohlenwasserstoffe

Verbindungen aus Kohlenstoff und Wasserstoff, die sich durch die Bindungsverhältnisse im Molekül, die Anzahl der Atome in den Molekülen sowie die Struktur der Moleküle unterscheiden.

■

Name	Charakteristische Strukturmerkmale	Allgemeine Formel
Alkane (Paraffine)	kettenförmig, Moleküle enthalten nur Einfachbindungen zwischen den Kohlenstoffatomen (sowie zwischen Kohlenstoff- und Wasserstoffatomen)	C_nH_{2n+2}
Alkene (Olefine)	kettenförmig, Moleküle enthalten eine Doppelbindung zwischen zwei Kohlenstoffatomen und Einfachbindungen zwischen den übrigen Atomen	C_nH_{2n}
Alkine (Azetylene)	kettenförmig, Moleküle enthalten eine Dreifachbindung zwischen zwei Kohlenstoffatomen und Einfachbindungen zwischen den übrigen Atomen	C_nH_{2n-2}
Zykloalkane (Naphthene)	ringförmig, Moleküle enthalten nur Einfachbindungen zwischen den Kohlenstoffatomen (sowie zwischen Kohlenstoff- und Wasserstoffatomen)	C_nH_{2n}
Benzen und seine Abkömmlinge (Aromaten)	ringförmig, Bindungssystem des Benzens C_6H_6	—

↗ Namen S. 87; Reaktionen S. 93

■

Systematischer Name	Weitere Namen	Summenformel	Vereinfachte Strukturformel
Methan Äthan (Ethan) Propan Butan		CH_4 C_2H_6 C_3H_8 C_4H_{10}	CH_4 CH_3-CH_3 $CH_3-CH_2-CH_3$ $CH_3-CH_2-CH_2-CH_3$

Systematischer Name	Weitere Namen	Summen-formel	Vereinfachte Strukturformel
Äthen (Ethen) Propen But-1-en	Äthylen Propylen Butylen	C_2H_4 C_3H_6 C_4H_8	$CH_2{=}CH_2$ $CH_2{=}CH{-}CH_3$ $CH_2{=}CH{-}CH_2{-}CH_3$
Buta-1,3-dien 2-Methyl-buta-1,3-dien	Butadien Isopren	C_4H_6 C_5H_8	$CH_2{=}CH{-}CH{=}CH_2$ $CH_2{=}C(CH_3){-}CH{=}CH_2$
Äthin (Ethin) Propin But-1-in	Azetylen Methyl-azetylen Äthylazetylen	C_2H_2 C_3H_4 C_4H_6	$CH{\equiv}CH$ $CH{\equiv}C{-}CH_3$ $CH{\equiv}C{-}CH_2{-}CH_3$
Zyklopropan (Cyclopropan) Zyklohexan (Cyclohexan)	Trimethylen Hexamethylen	C_3H_6 C_6H_{12}	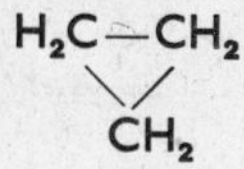 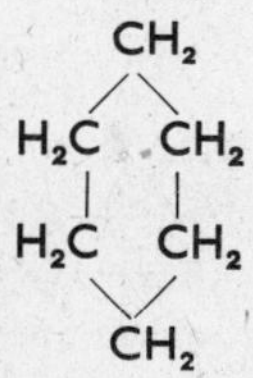
Benzen Methylbenzen Äthenylbenzen (Ethenyl-benzen)	Benzol Toluen Toluol Styren Styrol	C_6H_6 C_7H_8 C_8H_8	 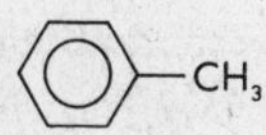 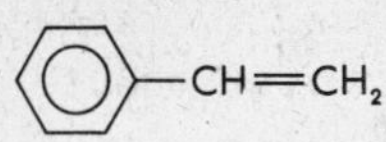

Chemische Reaktionen der Kohlenwasserstoffe

Eine typische chemische Reaktion aller Kohlenwasserstoffe ist die Oxydation. Für Alkane und Benzen ist die Substitution und für alle ungesättigten Kohlenwasserstoffe die Addition charakteristisch.

Vollständige Oxydation:

$$CH_4 + 2\,O_2 \longrightarrow CO_2 + 2\,H_2O$$

Methan

➡ 6/3

Substitutionsreaktion:

$CH_4 + Cl_2 \longrightarrow CH_3Cl + HCl$

Methan — Chlormethan

↗ Substitutionsreaktion S. 46

Additionsreaktion:

$CH{\equiv}CH + HCl \xrightarrow{\text{Kat.}} CH_2{=}CHCl$

Äthin — Chloräthen (Vinylchlorid)

$n\ CH_2{=}CH_2 \longrightarrow [CH_2{-}CH_2]_n$ (Polymerisation)

Äthen — Polyäthylen

↗ Additionsreaktion S. 46

Methan CH_4

Farbloses, geruchloses Gas; brennbar, bildet mit Sauerstoff oder mit Luft hochexplosive Gemische; reagiert mit Halogenen unter Bildung von Halogenderivaten und Halogenwasserstoff (Substitutionsreaktionen).

↗ Erdgas S. 129

Äthen (Äthylen) C_2H_4

Farbloses, süßlich riechendes Gas; brennt mit leuchtender, schwach rußender Flamme; bildet mit Sauerstoff explosive Gemische; ist durch seine Doppelbindung im Molekül sehr reaktionsfähig (Additionsreaktionen).

Äthin (Azetylen) C_2H_2

Farbloses, fast geruchloses Gas (unangenehmer Geruch des technischen Azetylens durch Verunreinigungen), wenig löslich in Wasser, sehr gut löslich in Propanon (Azeton); brennt mit leuchtender, stark rußender Flamme; bildet mit Sauerstoff oder Luft hochexplosive Gemische; ist durch seine Dreifachbindung im Molekül sehr reaktionsfähig (vor allem Additionsreaktionen).

↗ Herstellung S. 139

Benzen (Benzol) C_6H_6

Leichtbewegliche, farblose Flüssigkeit; aromatischer Geruch; in Wasser wenig löslich; gutes Lösungsmittel für Fette, Öle, Harze und andere organische Stoffe; geringere Dichte als Wasser; bildet schon bei Zimmertemperatur leichtentzündliche Dämpfe; brennt mit leuchtender, stark rußender Flamme; Dämpfe sind giftig (Gift Abteilung 2); bei Anwendung von Katalysatoren Substitutionsreaktionen möglich.

↗ Verwendung S. 144

6.4. Halogenabkömmlinge der Kohlenwasserstoffe

Charakteristik der Halogenabkömmlinge

Abkömmlinge der Kohlenwasserstoffe mit mindestens einem Halogenatom im Molekül.

Modell des Chloräthenmoleküls

$CH_2{=}CHCl$

vereinfachte Strukturformel des Chloräthens

Systematischer Name	Weitere Namen	Vereinfachte Strukturformel
Chlormethan	Methylchlorid	CH_3Cl
Dichlormethan	Methylenchlorid	CH_2Cl_2
Trichlormethan	Chloroform	$CHCl_3$
Tetrachlormethan	Tetrachlorkohlenstoff	CCl_4
Chloräthen (Chlorethen)	Vinylchlorid	$CH_2{=}CHCl$

Trichlormethan (Chloroform) $CHCl_3$

Farblose, süßlich riechende Flüssigkeit; unbrennbar; in Wasser wenig löslich; gutes Lösungsmittel für Harze, Fette und andere Stoffe; giftig (Gift Abteilung 2); Dämpfe wirken betäubend; reagiert unter Einfluß von Licht und Sauerstoff langsam zu giftigem Phosgen $COCl_2$ und Chlorwasserstoff.

Tetrachlormethan (Tetrachlorkohlenstoff) CCl_4

Farblose, süßlich riechende, stark lichtbrechende Flüssigkeit, unbrennbar; wirkt auf Flammen erstickend (dabei jedoch Phosgenbildung); in Wasser wenig löslich; gutes Lösungsmittel für Fette, Öle, Harze und Wachse; giftig (Gift Abteilung 2); Dämpfe wirken betäubend.

Chloräthen (Vinylchlorid) $CH_2{=}CHCl$

Bei Zimmertemperatur farbloses Gas; in Wasser wenig löslich; giftig (Gift Abteilung 2); läßt sich polymerisieren:

$$n\ CH_2{=}CHCl \longrightarrow \left[CH_2{-}CHCl \right]_n$$

Vinylchlorid → Polyvinylchlorid

➡ 6/5

6.5. Alkohole und Phenole

Charakteristik der Alkohole und Phenole

Abkömmlinge der Kohlenwasserstoffe, die eine oder mehrere Hydroxylgruppen —OH im Molekül enthalten.

Modell des Methanolmoleküls

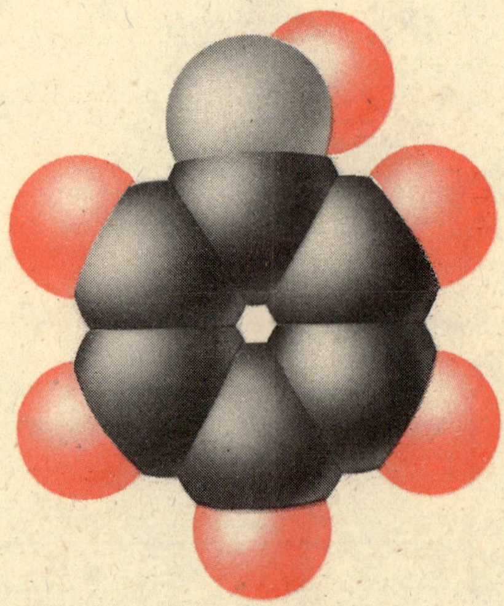

Modell des Phenolmoleküls

CH_3—OH

vereinfachte Strukturformel des Methanols

vereinfachte Strukturformel des Phenols

↗ Methanol S. 98; Phenol S. 98

Name	Charakteristische Strukturmerkmale
Alkanole	kettenförmig, 1 Hydroxylgruppe im Molekül
Alkantriole	kettenförmig, 3 Hydroxylgruppen im Molekül
Phenole	Abkömmlinge des Benzens mit mindestens einer Hydroxylgruppe im Molekül

↗ Namen S. 90

Systematischer Name	Weitere Namen	Vereinfachte Strukturformeln	
Methanol		CH_3OH	CH_3-OH
Äthanol (Ethanol)	Äthylalkohol	C_2H_5OH	CH_3-CH_2-OH
Propan-1-ol	Propyl-alkohol	C_3H_7OH	$CH_3-CH_2-CH_2-OH$
Propan-1,2,3-triol	Glyzerol Glyzerin	$C_3H_5(OH)_3$	$CH_2OH-CH(OH)-CH_2OH$
Phenol		C_6H_5OH	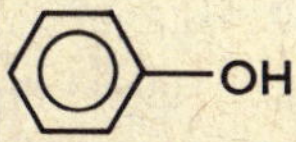

Chemische Reaktionen der Alkohole

Typische chemische Reaktionen der Alkohole sind Oxydation, Eliminierung und Esterbildung.

Übersicht:

$$R-CH_2-OH \underset{\text{Hydrierung}}{\overset{\text{Dehydrierung}}{\rightleftharpoons}} R-C{\overset{O}{\underset{H}{\lessgtr}}} \overset{\text{Oxydation}}{\rightleftharpoons} R-C{\overset{O}{\underset{OH}{\lessgtr}}}$$

Alkohol (mit endständiger Hydroxylgruppe im Molekül) — Aldehyd — Karbonsäure

Vollständige Oxydation:

$$2\ CH_3-OH + 3\ O_2 \longrightarrow 2\ CO_2 + 4\ H_2O$$

Methanol

Eliminierung zu Alkenen oder Aldehyden:

$$CH_3-CH_2-OH \overset{\text{Kat.}}{\rightleftharpoons} CH_2{=}CH_2 + H_2O$$

Äthanol — Äthen

$$CH_3-CH_2-CH_2-OH \overset{\text{Kat.}}{\longrightarrow} CH_3-CH_2-C{\overset{O}{\underset{H}{\lessgtr}}} + H_2$$

Propan-1-ol — Propanal

↗ Eliminierung S. 47

Esterbildung:

$$CH_3-\overset{\overset{O}{\|}}{C}-OH + H-O-CH_3 \rightleftharpoons CH_3-\overset{\overset{O}{\|}}{C}-O-CH_3 + H_2O$$

Äthansäure — Methanol — Äthansäuremethylester

↗ Substitution S. 46

Methanol CH_3OH

Farblose Flüssigkeit; charakteristischer Geruch; löslich in Wasser und anderen Lösungsmitteln; Lösungsmittel für Harze und andere Stoffe; sehr giftig (Gift Abteilung 2); brennt mit blaßblauer Flamme.

↗ Herstellung S. 140; Verwendung S. 144

Äthanol (Äthylalkohol) C_2H_5OH

Farblose Flüssigkeit; charakteristischer Geruch; löslich in Wasser, Benzin und Benzen; setzt als Bestandteil von Genußmitteln schon in geringen Mengen die Empfindlichkeit der Sinnesorgane herab, wirkt gesundheitsschädigend; leicht entzündbar; brennt mit schwach leuchtender Flamme.

↗ Herstellung S. 140; Verwendung S. 143

Glyzerol $C_3H_5(OH)_3$

Systematischer Name: Propan-1,2,3-triol; farblose, geruchlose Flüssigkeit; dickflüssig; süßer Geschmack; mit Wasser oder Äthanol in jedem Verhältnis mischbar; läßt sich mit anorganischen und organischen Säuren verestern.

↗ Fette S. 103

Phenol C_6H_5OH

Farblose, leicht zerfließende Kristalle, die sich an der Luft nach einiger Zeit rötlich färben; eigenartiger Geruch; in Wasser wenig löslich; leicht löslich in Äthanol; giftig (Gift Abteilung 2), wirkt ätzend; wäßrige Lösung ist sauer; bildet Salze: **Phenolate.**

↗ Verwendung S. 144

6.6. Aldehyde

Charakteristik der Aldehyde

Abkömmlinge der Kohlenwasserstoffe, die eine Aldehydgruppe $-C{\overset{O}{\underset{H}{\lessdot}}}$ im Molekül enthalten.

Modell des Äthanalmoleküls

$$CH_3-C\overset{O}{\underset{H}{\lessdot}}$$

vereinfachte Strukturformel des Äthanals

Systematischer Name	Weitere Namen	Vereinfachte Strukturformeln	
Methanal	Formaldehyd	HCHO	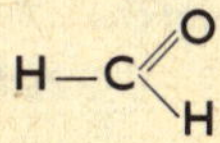
Äthanal (Ethanal)	Azetaldehyd	CH_3CHO	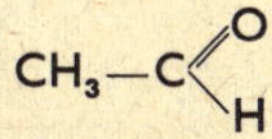
Propanal	Propionaldehyd	C_2H_5CHO	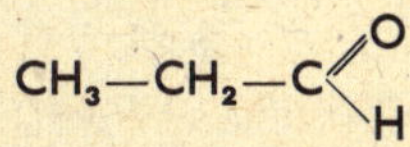

Chemische Reaktionen der Aldehyde

Typische chemische Reaktionen der Aldehyde sind Addition von Wasserstoff (Hydrierung, Reduktion) zu Alkoholen und Oxydation zu Karbonsäuren.

Addition von Wasserstoff:

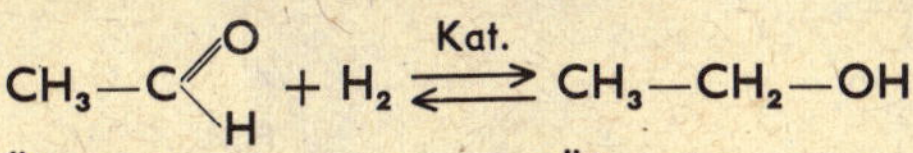

Äthanal Äthanol

↗ Addition S. 46

Vollständige Oxydation:

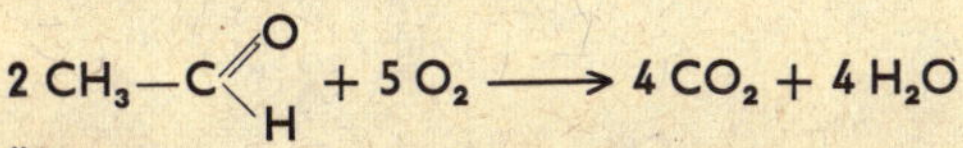

Äthanal

Katalytische Oxydation zu Karbonsäuren:

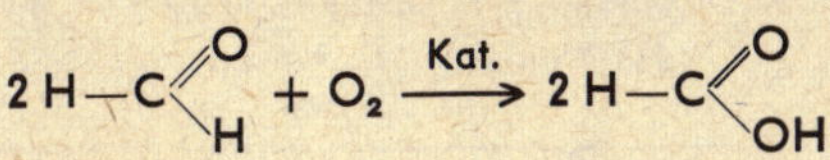

Methanal Methansäure

Methanal (Formaldehyd) HCHO

Farbloses, stechend riechendes Gas; in Wasser leicht löslich, handelsübliche Lösung ist 35 ··· 40%ig; giftig (Gift Abteilung 2); reagiert mit Eiweißen unter Bildung schwerlöslicher, oft harter Stoffe; wirkt desinfizierend; reduziert Fehlingsche Lösung und ammoniakalische Silbersalzlösung; durch seine funktionelle Gruppe im Molekül sehr reaktionsfähig.

↗ Verwendung S. 144
↗ Polykondensation S. 46

➡ 6/7

Äthanal (Azetaldehyd) CH_3CHO

Leichtbewegliche, farblose Flüssigkeit mit eigentümlichem Geruch; Siedetemperatur $\vartheta_v = 20\ °C$; brennbar; leicht löslich in Wasser, Äthanol, Benzen; reduziert Fehlingsche Lösung und ammoniakalische Silbersalzlösung; durch seine funktionelle Gruppe im Molekül sehr reaktionsfähig.

↗ Verwendung S. 143

6.7. Karbonsäuren

Charakteristik der Karbonsäuren

Abkömmlinge der Kohlenwasserstoffe, die eine oder mehrere Karboxylgruppen

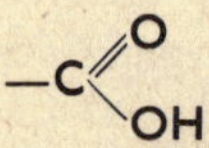

im Molekül enthalten.

Modell des Methansäuremoleküls

Modell des Alaninmoleküls

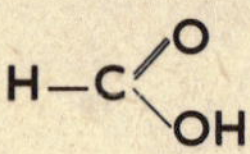

vereinfachte Strukturformel der Methansäure

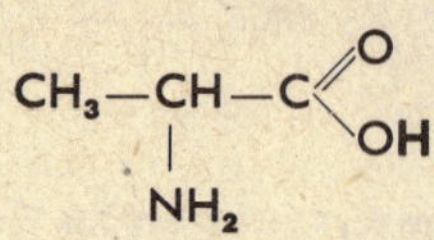

vereinfachte Strukturformel des Alanins

■

Name	Charakteristische Strukturmerkmale
Alkansäuren	1 Karboxylgruppe, Einfachbindungen zwischen den Kohlenstoffatomen im Molekül
Alkensäuren	1 Karboxylgruppe, 1 Doppelbindung zwischen 2 Kohlenstoffatomen im Molekül
Aminosäuren	mindestens 1 Karboxylgruppe und mindestens 1 Aminogruppe im Molekül

Systematischer Name	Trivialname	Vereinfachte Strukturformeln
Methansäure	Ameisensäure	$H-C{\scriptstyle\genfrac{}{}{0pt}{}{//O}{\backslash OH}}$
Äthansäure	Essigsäure	$CH_3-C{\scriptstyle\genfrac{}{}{0pt}{}{//O}{\backslash OH}}$
Butansäure	Buttersäure	$CH_3-CH_2-CH_2-C{\scriptstyle\genfrac{}{}{0pt}{}{//O}{\backslash OH}}$
Hexadekansäure	Palmitinsäure	$CH_3-(CH_2)_{14}-C{\scriptstyle\genfrac{}{}{0pt}{}{//O}{\backslash OH}}$
Oktadekansäure	Stearinsäure	$CH_3-(CH_2)_{16}-C{\scriptstyle\genfrac{}{}{0pt}{}{//O}{\backslash OH}}$
Oktadezensäure	Ölsäure	$CH_3-(CH_2)_7-CH=CH-(CH_2)_7-C{\scriptstyle\genfrac{}{}{0pt}{}{//O}{\backslash OH}}$
2-Aminoäthansäure	Glyzin	$\underset{\displaystyle NH_2}{\underset{\vert}{CH_2}}-C{\scriptstyle\genfrac{}{}{0pt}{}{//O}{\backslash OH}}$

↗ Fette S. 103; Eiweiße S. 105

Chemische Reaktionen der Karbonsäuren

Salzbildung:

$$\underset{\text{Methansäure}}{2\,H^+ + 2\,HCOO^-} + Zn \longrightarrow \underset{\text{Zinkformiat}}{Zn^{2+} + 2\,HCOO^-} + H_2$$

↗ Salz S. 62

Esterbildung:

$$\underset{\text{Äthansäure}}{CH_3-\overset{\overset{\displaystyle O}{\Vert}}{C}-OH} + \underset{\text{Äthanol}}{H-O-C_2H_5} \rightleftharpoons \underset{\text{Äthansäureäthylester}}{CH_3-\overset{\overset{\displaystyle O}{\Vert}}{C}-O-C_2H_5} + H_2O$$

Vollständige Oxydation:

$$\underset{\substack{\text{Oktadekansäure}\\\text{(Stearinsäure)}}}{C_{17}H_{35}-COOH} + 26\,O_2 \longrightarrow 18\,CO_2 + 18\,H_2O$$

Methansäure (Ameisensäure) HCOOH

Leichtbewegliche, farblose Flüssigkeit; stechender Geruch; mit Wasser und Äthanol in jedem Verhältnis mischbar; stark ätzend, erzeugt auf der Haut Blasen (ab 50%ig Gift Abteilung 2); bildet Salze: **Formiate;** wirkt reduzierend, da sie auch als Aldehyd aufgefaßt werden kann.

Zersetzung $HCOOH \xrightarrow{\text{konz. } H_2SO_4} CO + H_2O$

Oxydation $2\,HCOOH + O_2 \longrightarrow 2\,H_2O + 2\,CO_2$

↗ Verwendung S. 144

Äthansäure (Essigsäure) CH_3COOH

Klare, farblose Flüssigkeit; stechender Geruch; unterhalb der Schmelztemperatur $\vartheta_s = 16{,}6$ °C eisartige Masse (deshalb auch als Eisessig bezeichnet); löslich in Wasser, Äthanol; 10%ige wäßrige Lösung als Speiseesssig, 40%ige als Essigessenz im Handel; stark ätzend; bildet Salze: **Azetate.**

↗ Herstellung S. 140; Verwendung S. 143

6.8. Ester

Charakteristik der Ester

Reaktionsprodukte der chemischen Reaktion von Säuren mit Alkoholen (Gleichgewichtsreaktion). Estermoleküle enthalten die Atomgruppe

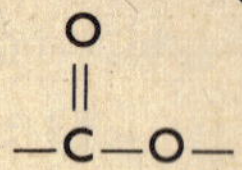

Modell des Äthansäureäthylestermoleküls

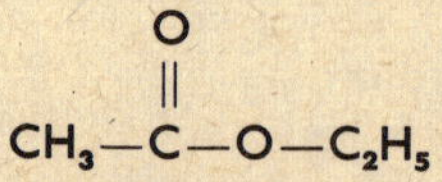

vereinfachte Strukturformel des Äthansäureäthylesters

Ester können auch durch chemische Reaktion von anorganischen Säuren mit Alkoholen entstehen.

■ Phosphorsäureester: Adenosindiphosphat (ADP),
Adenosintriphosphat (ATP)

Ester von Karbonsäuren

Name	Ausgangsstoffe		Eigenschaften
Fruchtester	kurzkettige Alkansäuren	kurzkettige Alkanole	flüssig, mit Wasser begrenzt mischbar, fruchtartiger Geruch
Wachse	langkettige Alkansäuren	langkettige Alkanole	fest, in Wasser unlöslich
Fette	Karbonsäuren mit 4 ··· 20 Kohlenstoffatomen im Molekül	Glyzerol	flüssig bis fest, in Wasser unlöslich, löslich in Tetrachlormethan, Methanol, Benzen

↗ Fette S. 103; Glyzerol S. 98

6.9. Fette – Kohlenhydrate – Eiweiße

Charakteristik der Fette

Gruppe von Naturstoffen, die aus Gemischen von Estern des Glyzerols mit Karbonsäuren (vor allem Alkansäuren und Alkensäuren) bestehen. Sie sind wasserunlösliche Reservestoffe der Pflanzen- und Tierzelle und spielen eine wichtige Rolle im Stoffwechsel.

$CH_2{-}O{-}OC{-}R_A$ vereinfachte Strukturformel eines Glyzerolesters
$|$
$CH{-}O{-}OC{-}R_B$
$|$
$CH_2{-}O{-}OC{-}R_C$

Bei Zimmertemperatur flüssige Fette werden als **fette Öle** bezeichnet. Sie unterscheiden sich in Struktur und Eigenschaften von den **Mineralölen** (Gemische von Kohlenwasserstoffen). Am häufigsten sind in den Fetten Hexadekansäure (Palmitinsäure), Oktadekansäure (Stearinsäure) und Oktadezensäure (Ölsäure) verestert. Man nennt sie deshalb auch **Fettsäuren.**

↗ Karbonsäuren S. 100; Verwendung S. 130

Charakteristik der Kohlenhydrate

Gruppe von Naturstoffen der allgemeinen Formel $C_n(H_2O)_m$, die eine Aldehydgruppe (oder eine andere funktionelle Gruppe) sowie mehrere Hydroxylgruppen im Molekül enthalten. Kohlenhydrate kommen vielfach makromolekular vor. Sie haben im pflanzlichen und tierischen Organismus vielseitige Funktionen als Reserve- und Stützsubstanzen sowie als energiereiche Substanzen.

Name	■	Charakteristische Merkmale
Monosaccharide	Glukose $C_6H_{12}O_6$	Moleküle werden nicht durch verdünnte Säuren gespalten
Disaccharide	Saccharose $C_{12}H_{22}O_{11}$	Moleküle werden durch verdünnte Säuren in je zwei Moleküle Monosaccharide gespalten
Polysaccharide	Stärke $(C_6H_{10}O_5)_n$	Moleküle werden durch verdünnte Säuren in jeweils mehrere Moleküle Monosaccharide gespalten

Glukose (Traubenzucker) $C_6H_{12}O_6$

Monosaccharid; weißes Pulver; geruchlos; süßer Geschmack; in Wasser leicht, in Äthanol nur wenig löslich; Moleküle treten in Ketten- oder Ringform (in Lösung im Gleichgewicht stehend) auf.

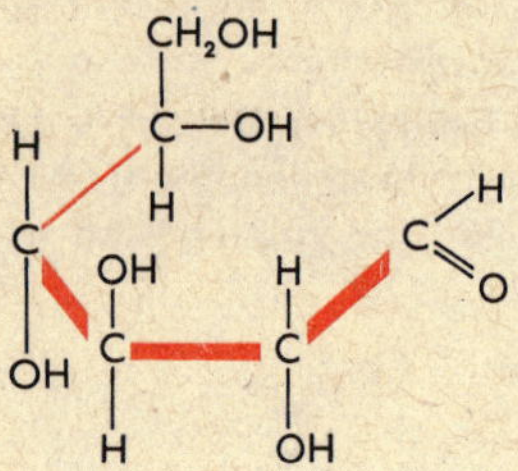

Kettenform

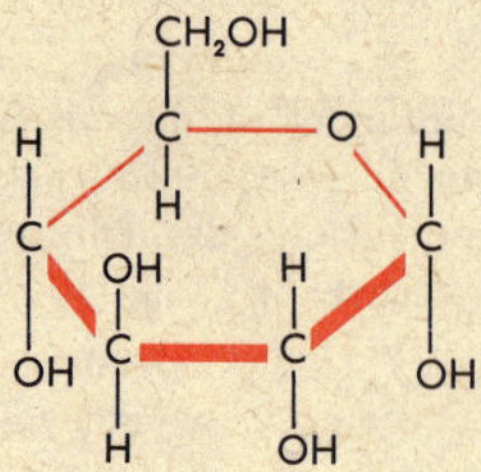

Ringform

vereinfachte Strukturformel

$$CH_2(OH){-}CH(OH){-}CH(OH){-}CH(OH){-}CH(OH){-}C{\scriptstyle\begin{matrix}\nearrow O\\ \searrow H\end{matrix}}$$

Glukose wandelt sich beim Erhitzen in eine schwarzbraune, bitterschmeckende Masse um (Zuckerfarbe); Glukose wirkt reduzierend auf Fehlingsche Lösung und ammoniakalische Silbersalzlösung.

Saccharose (Rohrzucker) $C_{12}H_{22}O_{11}$

Disaccharid; große, farblose Kristalle (Kandiszucker) oder weißes, kristallines Pulver (Kristallzucker); sehr süßer Geschmack; in Wasser leicht, in Äthanol nur wenig löslich; wirkt nicht reduzierend; bildet bei vorsichtigem Erhitzen eine braune, angenehm schmeckende Masse (Karamelzucker); wird beim Sieden in verdünnten Säuren in Glukose und Fruktose (Fruchtzucker) gespalten:

Hydrolyse $C_{12}H_{22}O_{11} + H_2O \longrightarrow \underset{\text{Glukose}}{C_6H_{12}O_6} + \underset{\text{Fruktose}}{C_6H_{12}O_6}$

Maltose (Malzzucker) $C_{12}H_{22}O_{11}$

Disaccharid; feine farblose Kristalle; süßer Geschmack, in Wasser leicht, in Äthanol nur wenig löslich; wirkt reduzierend; wird durch verdünnte Säuren in Glukose gespalten:

Hydrolyse $C_{12}H_{22}O_{11} + H_2O \longrightarrow 2\,\underset{\text{Glukose}}{C_6H_{12}O_6}$

Stärke $(C_6H_{10}O_5)_n$

Polysaccharid; feines, weißes Pulver; geruchlos und geschmackfrei; in kaltem Wasser schwer löslich; teilweise löslich und quellfähig in 60 ··· 80 °C heißem Wasser (Stärkekleister); Lösung wirkt nicht reduzierend; wird durch Enzyme oder durch Erhitzen in verdünnten Säuren in Maltose und Glukose umgewandelt.

Hydrolyse $(C_6H_{10}O_5)_n + n\,H_2O \longrightarrow n\,C_6H_{12}O_6$

Zellulose $(C_6H_{10}O_5)_n$

Polysaccharid; weißer, fester Stoff; geruchlos und geschmackfrei; auch in siedendem Wasser schwer löslich; gegen verdünnte Lösungen von Natriumhydroxid oder Kaliumhydroxid beständig; kann durch kombinierte Behandlung mit konzentrierten und verdünnten anorganischen Säuren abgebaut werden; reagiert mit konzentrierten, wasserfreien Säuren unter Esterbildung (Salpetersäureester, Äthansäureester).

↗ Vorkommen S. 130

Charakteristik der Eiweiße

Makromolekulare Stoffe komplizierter Struktur, die im wesentlichen aus Polypeptiden aufgebaut sind; können in 2-Aminosäuren gespalten werden. Eiweiße bilden die Grundsubstanz des Protoplasmas und haben an allen Lebensvorgängen entscheidenden Anteil.

Polypeptide

Verbindungen, die durch Substitution von Aminosäuremolekülen entstanden sind; Moleküle lassen sich wieder in 2-Aminosäuremoleküle spalten.

Proteine

Einfache Eiweiße, deren Makromoleküle als Grundbausteine nur Molekülreste von 2-Aminosäuren enthalten, die über Peptidbindungen miteinander verbunden sind.

6.10. Makromolekulare Werkstoffe

Plaste

Überwiegend synthetisch hergestellte makromolekulare Werkstoffe, die sich durch Urformen oder Umformen plastisch verarbeiten lassen.

Thermoplaste: Plaste, die sich durch Erwärmen beliebig oft plastisch umformen lassen.

■ Polyvinylchlorid, Polyäthen, Polystyren, Polyamid

Duroplaste: Plaste, die beim Urformen plastisch sind, durch thermische oder andere Weiterbehandlung jedoch bleibend hart und unschmelzbar werden.

■ Phenoplaste, Aminoplaste

↗ Verwendung S. 145

Elaste

In der Natur vorkommende oder synthetisch hergestellte makromolekulare Werkstoffe, die gummiähnliche elastische Eigenschaften besitzen.

■ Naturkautschuk, Bunakautschuk, Gummi

↗ Verwendung S. 145

Chemiefaserstoffe

Überwiegend synthetisch hergestellte makromolekulare Werkstoffe, die sich als textile Faserstoffe verarbeiten lassen.
Zur Herstellung seidenartiger Textilien dienen endlose Fäden.
Zur Herstellung woll- oder baumwollähnlicher Textilien werden die Fäden auf Stapellängen geschnitten und versponnen.

■ Polyakrylnitrilfaserstoffe (Wolpryla, Acryl, Dralon, Orlon, Nitron)
Polyamidfaserstoffe (Dederon, Nylon, Perlon, Kapron)
Polyesterfaserstoffe (Grisuten, Elana, Trevira, Terylene)

Struktur und Eigenschaften von Plasten, Elasten und Chemiefaserstoffen

Werkstoff	Struktur der Makromoleküle	Eigenschaften
Chemiefaserstoff	linear	meist hohe Zugfestigkeit
Thermoplast	linear oder schwach verzweigt	meist hohe Zugfestigkeit
Elast	schwach vernetzt	hohe Elastizität
Duroplast	stark vernetzt	meist hohe Druckfestigkeit und Formbeständigkeit bei höheren Temperaturen

7 Chemische Experimente

7.1. Experimente als Mittel zur Erkenntnisgewinnung

Beobachten

Bewußtes und zielgerichtetes Erfassen der äußeren Erscheinung eines Objekts mit Hilfe der Sinnesorgane oder durch den Gebrauch technischer Mittel; erstreckt sich auf Sehen, Hören, Riechen und andere sinnliche Wahrnehmungen. Beobachten ist als Erkenntnismethode eine notwendige Ergänzung des Experiments.

■ Beobachten der Eigenschaften von Stoffen, Erscheinungen bei chemischen Reaktionen oder technologischer Abläufe

Messen

Spezifische Erkenntnismethode, bei der mit Hilfe von Meßgeräten eine physikalische Größe mit einer anderen physikalischen Größe verglichen wird, die als Einheit dient.
Messen ist die quantitative Form des Beobachtens.

■ Bestimmen der Masse durch Wägen
Bestimmen des Volumens im Meßzylinder, mit Pipette u. a.
Bestimmen der Temperatur mit dem Thermometer

Experiment

Grundlegendes Mittel der Erkenntnis. Beim Experiment wird durch geistige und praktische Handlungen und unter Anwendung von Hilfsmitteln ein Vorgang planmäßig ausgelöst, beeinflußt und beendet.

■ Eine Probe Kalziumoxid wird im Reagenzglas mit Wasser übergossen. Das entstehende Stoffgemisch wird filtriert, das Filtrat mit Unitest-Indikator geprüft.

Merkmale eines Experiments

– Die Bedingungen für die Durchführung eines Experiments werden bewußt geschaffen,
können verändert werden,
sind kontrollierbar.

– Nebensächliche oder störende Einflüsse können beim Experiment weitgehend ausgeschlossen werden.

– Veränderungen sind beobachtbar und gegebenenfalls auch meßbar.

– Das Experiment ist wiederholbar.

Experimentelle Methode

Wissenschaftliche Erkenntnismethode mit dem Ziel, durch den Einsatz von Experimenten Hypothesen oder Voraussagen zu bestätigen, zu widerlegen oder zu präzisieren.

Die experimentelle Methode umfaßt folgende Hauptschritte:

1. Ableiten von experimentell überprüfbaren Folgerungen aus einer Hypothese oder Voraussage;
2. Planen und Durchführen der Experimente; Beobachten, Beschreiben der Ergebnisse;
3. Vergleichen der Ergebnisse mit den zu prüfenden Folgerungen.

7.2. Allgemeine Experimentierregeln

Vorbereiten eines Experiments

1. Durchdenken der Aufgabe, bis diese vollständig erkannt ist; Überlegen, welches Ziel mit dem Experiment verfolgt wird.
2. Überlegen, in welcher Weise die Aufgabe gelöst werden kann.
3. Überlegen, welche Gesetzmäßigkeiten unter den gewählten Bedingungen wirken.
4. Überlegen, welche Gefahren bei dem Experiment auftreten können und welche Vorsichtsmaßnahmen getroffen werden müssen.

   ↗ Unfallverhütung S. 109

5. Auswählen einer zweckmäßigen Apparatur und Anfertigen einer Skizze.
6. Bereitstellen der erforderlichen Geräte und Chemikalien.
7. Zusammenbauen und Überprüfen der Apparatur.
8. Überlegen, in welchen Teilschritten das Experiment durchzuführen ist und was dabei beachtet werden muß.

Durchführen und Auswerten eines Experiments

1. Durchführen des Experiments und Beobachten aller Erscheinungen.
2. Stillegen der Apparatur und unfallsichere Aufbewahrung aller Reaktionsprodukte.
3. Festhalten der Beobachtungsergebnisse, bei quantitativen Experimenten auch der Meßwerte, in einem Protokoll.

   ↗ Protokoll S. 109

4. Deuten beziehungsweise Auswerten des Experiments; Formulieren der abgelaufenen Reaktionen, Auswerten der Meßgrößen.
5. Aufräumen des Arbeitsplatzes, Reinigen der benutzten Geräte, danach Reinigen der Hände.

Protokoll eines Experiments

<table>
<tr><td>Aufgabe</td><td>Literatur</td></tr>
<tr><td colspan="2">Vorüberlegung
Fachliche Grundlagen des Experiments
Plan zur Durchführung
Gefahrenquellen, Arbeitsschutzvorschriften</td></tr>
<tr><td colspan="2">Vorbereitung
Geräte und Chemikalien
Skizze der Geräteanordnung bzw. Apparatur
Vorsichtsmaßnahmen</td></tr>
<tr><td>Durchführung
Ausgeführte Tätigkeiten</td><td>Beobachtung
Beobachtungsergebnisse
Meßwerte</td></tr>
<tr><td colspan="2">Auswertung
Deuten der Beobachtungsergebnisse
Beantworten der in der Aufgabe gestellten Fragen
Chemische Gleichungen
Rechnerische Auswertung der Meßgrößen</td></tr>
</table>

Regeln für die Unfallverhütung

Schülerexperimente erfordern besondere Aufmerksamkeit und Sorgfalt. Vor allem sollten folgende Regeln beachtet werden:

– Für Ordnung und Sauberkeit am Arbeitsplatz sorgen!

– Alle Geräte sorgsam und pfleglich behandeln! Beschädigungen und Verluste sind unverzüglich dem Lehrer zu melden!

– Diszipliniert verhalten und aufmerksam die Erläuterungen des Lehrers verfolgen oder die Hinweise in schriftlichen Anleitungen beachten! Bei Unklarheiten Fragen stellen!

– Rechtzeitig über die Gefährlichkeit der verwendeten Stoffe und über Gefahren, die bei einem Experiment auftreten können, Informationen einholen!

– Die Vorschriften für den Umgang mit Chemikalien, insbesondere mit Giften, feuergefährlichen und explosiblen Stoffen einhalten!

– Kleidung durch einen Kittel oder eine Schürze schützen!

– Auch weitere vorgeschriebene Schutzvorrichtungen (Schutzbrille, Abzug, Schutzscheibe usw.) verwenden!

– Informationen einholen, wo sich die Feuerlöschgeräte und der Kasten für die Erste Hilfe befinden!

➡ 7/2

- Das Experiment erst beginnen, wenn Gewißheit besteht, was zu tun und wie vorzugehen ist!
- Auf sparsamen Verbrauch von Chemikalien achten, nur die angegebenen Massen oder Volumen von Ausgangsstoffen verwenden!
- Chemikalienreste nur in die bereitgestellten Gefäße geben, niemals zurück in die Vorratsflasche!
- Bei irgendwelchen außergewöhnlichen Zwischenfällen die Ruhe bewahren und die Anordnungen des Lehrers befolgen!
- Alle Verletzungen sofort dem Lehrer melden!

Chemikalien

Stoffe, Stoffgemische oder deren Lösungen, die bei chemischen Experimenten Verwendung finden.
Beim Umgang mit Chemikalien können sich auf Grund ihrer Eigenschaften Gefahren ergeben.

↗ Gifte S. 111; feuergefährliche Stoffe S. 114; explosible Stoffe S. 114

Vorsichtsmaßnahmen für den Umgang mit Chemikalien

- Chemikalien nicht in Flaschen oder Gläser füllen, die auch für Lebensmittel verwendet werden (z. B. Brauseflaschen, Marmeladengläser)!
- Vorratsgefäße, in denen Chemikalien aufbewahrt werden, sind entsprechend den Vorschriften zu kennzeichnen.

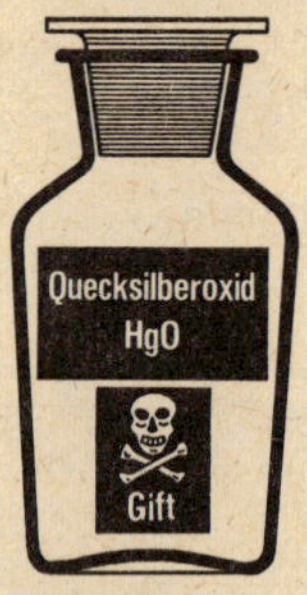

Gifte der Abteilung 1

Gifte der Abteilung 2

Feuergefährliche Stoffe

alle übrigen Stoffe

- Chemikalien möglichst nicht mit den Händen berühren! Nach dem Experimentieren sind die Hände gründlich zu säubern!
- Im Arbeitsraum keine Speisen und Getränke einnehmen! Laborgeräte nicht für Nahrungsmittel verwenden!
- Nicht den Geschmack der Chemikalien prüfen!
- Geruchsproben nur durch Zufächeln mit der Hand durchführen!

- Die Einwirkung gesundheitsschädigender Gase auf den menschlichen Organismus verhindern, indem man sie durch chemische Reaktionen unschädlich macht!
- Beim Arbeiten mit feuergefährlichen Stoffen dürfen sich in der Nähe keine zündfähigen Wärmequellen (offene Flammen, in Betrieb befindliche Heizplatten) befinden!
- Vorratsgefäße mit feuergefährlichen Stoffen sofort nach Benutzung verschließen und wegstellen!

Erste Hilfe bei Schädigungen durch Chemikalien und Verbrennungen

Auf jeden Fall ist für den Geschädigten nach der Ersten Hilfe ärztliche Behandlung zu sichern!

Schädigung	Erste Hilfe
Verätzungen der Haut	Sofort mit viel Wasser lange und intensiv spülen (etwa 10 min)!
Verätzungen der Augen	Sofort 10 ··· 15 min lang mit möglichst fließendem Wasser bei gut geöffnetem Lidspalt spülen!
Verätzungen des Mundes und der Verdauungsorgane	Mundhöhle wiederholt mit Wasser ausspülen! Sofort reichlich Wasser oder Milch trinken lassen! Kein Erbrechen auslösen! Bequeme Lagerung, Schutz vor Wärmeverlust (Wolldecken)!
Vergiftungen durch feste oder flüssige Stoffe	Sofort erbrechen lassen!
Vergiftungen durch Gase	Betroffene Person sofort an die frische Luft bringen!
Brandwunden	Mit kaltem Wasser bis zur Schmerzlinderung kühlen! Brandblasen nicht öffnen! Angeklebte Kleidungsstücke nicht abreißen!

Gifte

Stoffe, die den lebenden Organismus schon in verhältnismäßig kleinen Mengen vorübergehend oder bleibend schädigen oder den Tod herbeiführen. Sie können äußerlich wirken oder über Verdauungsorgane, Atmungsorgane, Wunden oder

die Haut in den Körper gelangen. Aber auch andere Chemikalien, die nicht zu den Giften zählen, haben gesundheitsschädigende Wirkungen.
Gifte werden entsprechend ihrer Wirkung in die Abteilung 1 und die Abteilung 2 eingestuft.

Einige Gifte

Einteilung	Wichtige Vertreter
Abteilung 1 (Verwendung in Schulen nicht gestattet)	Akrylnitril Arsen und Verbindungen Bleitetraäthyl Fluorwasserstoffsäure ab 50%ig Kadmiumverbindungen Quecksilberverbindungen, ausgenommen Quecksilbersulfid und Quecksilber(I)-chlorid Zyanwasserstoffsäure und Verbindungen
Abteilung 2	Aminobenzen (Anilin) Ammoniaklösung ab 10%ig Ammoniumoxalat Ammoniumsulfidlösung Äthansäure (Essigsäure) ab 80%ig Bariumchlorid Bariumhydroxidlösung ab 5%ig Bariumperoxid Benzen (Benzol) Blei(II)-azetat Blei(II)-nitrat Blei(II)-oxid Blei(II,IV)-oxid Blei(IV)-oxid Brom Bromwasserstoffsäure Chlor Chlorbenzen Chloräthen (Vinylchlorid) Chlorwasserstoffsäure (Salzsäure) ab 15%ig Chrom(III)-chlorid Chrom(VI)-oxid 1,2-Dibromäthan 1,2-Dichloräthan Eisen(II)-sulfid Hydrochinon Kaliumchromat Kaliumdichromat Kaliumhydroxid

Einteilung	Wichtige Vertreter
Abteilung 2	Kaliumhydroxidlösung ab 5%ig Kohlendisulfid (Schwefelkohlenstoff) Kupfer(II)-azetat Kupfer(II)-chlorid Kupfer(II)-nitrat Kupfer(II)-oxid Kupfer(II)-sulfat Methanal (Formaldehyd) Methanol Methansäure (Ameisensäure) ab 50%ig Natriumdichromat Natriumfluorid Natriumhydroxid Natriumhydroxidlösung ab 5%ig Natriumnitrit Natriumoxalat Natriumsulfid Oxalsäure Phenol Phosphor(V)-oxid Phosphorsäure ab 50%ig Quecksilber(I)-chlorid Resorzinol Salpetersäure ab 15%ig Schwefelsäure ab 15%ig Silbernitratlösung Strontiumchlorid Strontiumnitrat Tetrachlormethan (Tetrachlorkohlenstoff) Trichloräthen Trichlormethan (Chloroform) Zinkchlorid Zinksulfat Zinn(II)-chlorid

Einige giftige Gase

Ammoniak Chlor Chlorwasserstoff	Fluor Kohlenmonoxid Phosgen	Schwefeldioxid Schwefelwasserstoff Stickstoffdioxid Stickstoffmonoxid

➡ 7/2

Feuergefährliche Stoffe

Substanzen, die einen niedrigen Flammpunkt besitzen; werden in **Gefahrklassen** eingeteilt:

A mit Wasser nicht oder nur teilweise mischbar
B mit Wasser in beliebigem Verhältnis mischbar
I Flammpunkt $< 21\,°C$
II Flammpunkt $21\,°C \cdots 55\,°C$
III Flammpunkt $55\,°C \cdots 100\,°C$

Stoff	Gefahrklassen
Benzen (Benzol)	A I
Kohlendisulfid (Schwefelkohlenstoff)	A I
Leichtbenzin	A I
Toluen (Methylbenzen)	A I
Butan-1-ol (Butylalkohol)	A II
Aminobenzen (Anilin)	A III
Äthanal (Azetaldehyd)	B I
Äthanol (Äthylalkohol)	B I
Methanol	B I
Propan-1-ol (Propylalkohol)	B I
Äthansäure (Essigsäure)	B II

Explosible Stoffe

Stoffgemische, die leicht durch Explosion reagieren.

Gasgemische	Wasserstoff mit Luft oder Sauerstoff, Chlor mit Wasserstoff, Methan mit Luft oder Sauerstoff, Kohlenmonoxid mit Luft oder Sauerstoff, Propan mit Luft oder Sauerstoff, Schwefelwasserstoff mit Luft oder Sauerstoff, Stadtgas mit Luft oder Sauerstoff, Äthin mit Luft oder Sauerstoff, Dämpfe feuergefährlicher Stoffe mit Luft oder Sauerstoff
Gemische fester Stoffe (oder fester und flüssiger Stoffe)	Chlorate mit brennbaren Stoffen, Nitrate mit brennbaren Stoffen, Natrium auf Wasser

7.3. Apparaturen und Arbeitstechniken für Experimente

7.3.1. Grundbegriffe

Gerät

Einzelteil aus Glas, Keramik, Metall, Plast, Gummi oder Holz, das zur Durchführung einfacher chemischer Experimente benutzt wird. Häufig werden Geräte zu Apparaten und Apparaturen kombiniert.

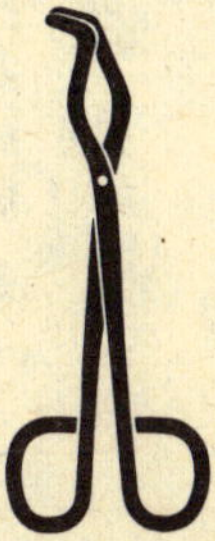

Tiegelzange

Reagenzglashalter

Verbrennungslöffel

Spatellöffel

Drahtnetz

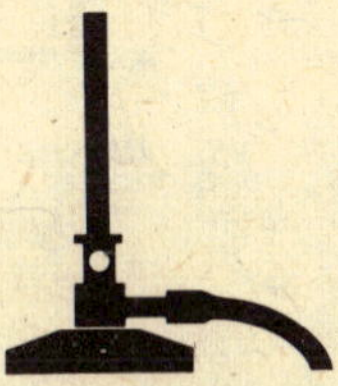

Gasbrenner

Spiritusbrenner

Dreifuß

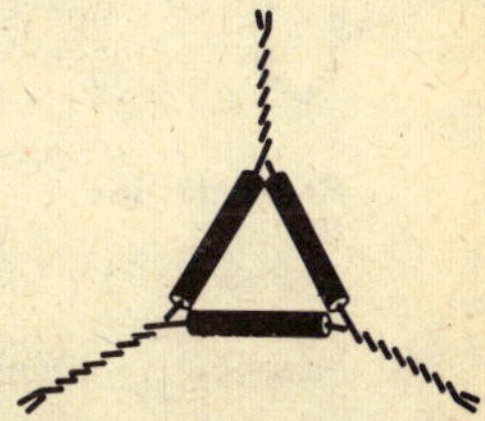

Tondreieck

Reagenzglasgestell

Reagenzglasständer

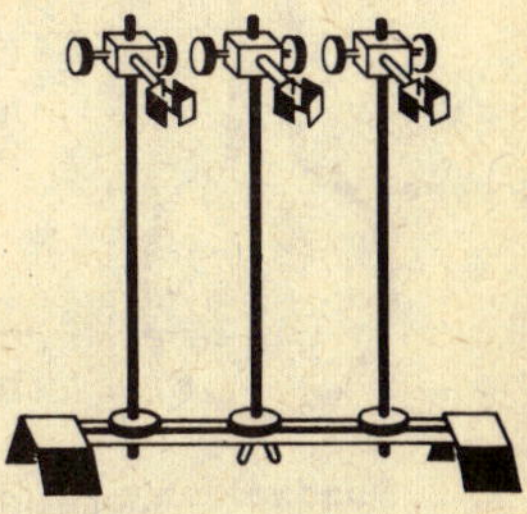

Halbmikro-Stativ

➡ 7/3

Reagenzglasbürste

Stativ

Stativring

Stativmuffe

Stativklemme

Reagenzglas

Reagenzglas mit Seitenrohr

U-Rohr

Becher

Rundkolben

Stehkolben

Rundkolben mit Seitenrohr

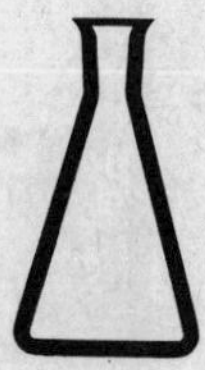
Erlenmeyer-Kolben

Pneumatische Wanne

Meßzylinder

Standzylinder

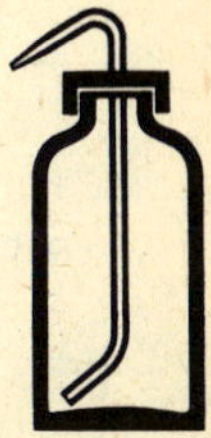
Spritzflasche

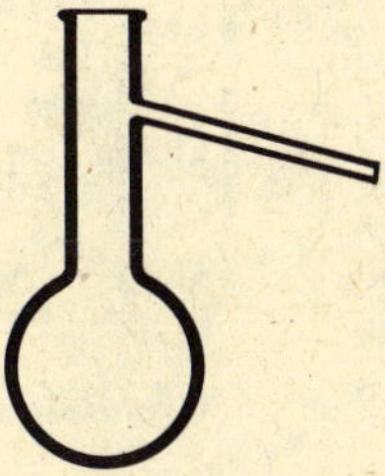
Destillierkolben

Kühler

Gaswaschflasche

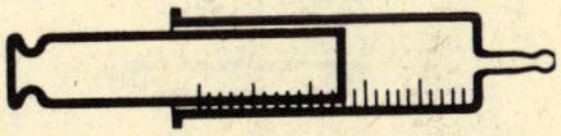
Kolbenprober

Trockenrohr

Vollpipette

Glasstab

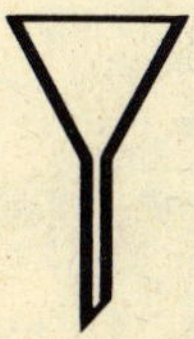
Trichter

Tropftrichter

Halbmikro-Tropfer

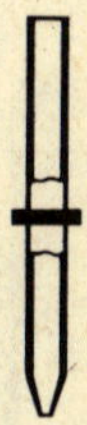
Filterröhrchen

➡ 7/3

Reibschale mit Pistill

Abdampfschale

Kristallisierschale

Porzellantiegel mit Deckel

Reaktionsrohr

Porzellanschiffchen

Uhrglasschale

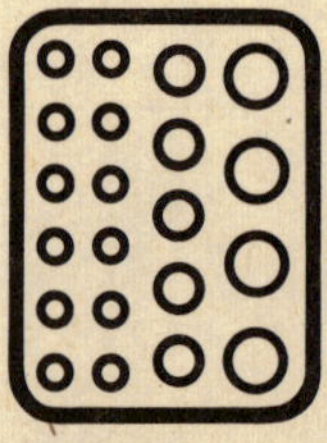

Tüpfelplatte

Enghalsflasche

Weithalsflasche

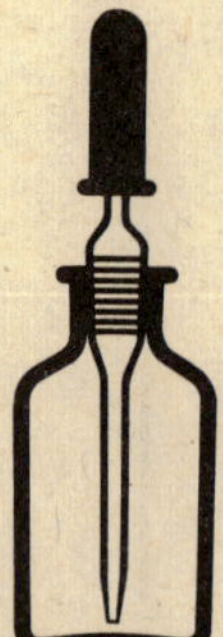

Pipettenflasche

Laborthermometer

Apparat

Kombination von zwei oder mehreren Geräten für Experimente, in der im allgemeinen ein Vorgang abläuft.

■ Der Apparat zum Destillieren besteht aus Destillierkolben, Gummistopfen und Laborthermometer (Vorgang: Trennen von Flüssigkeiten).

Apparatur

Kombination aus Geräten und Apparaten für Experimente, in der mehrere Teilvorgänge ablaufen.

■ Die Destillationsapparatur besteht aus Destillierapparat, Kühler und Vorlage (Teilvorgänge: Trennen von Flüssigkeiten, Kühlen von Gasen und Auffangen von Flüssigkeiten).

↗ Destillieren S. 120

Arbeitstechniken

Techniken zur Durchführung chemischer Experimente, die sich unter anderem durch den Einsatz unterschiedlicher Massen und Volumen von Chemikalien sowie durch die Verwendung spezifischer Geräte, Apparate und Apparaturen unterscheiden.

■

Technik	Eingesetzte Massen in mg	Eingesetzte Volumen in ml
Makrotechnik	> 100	> 5
Halbmikrotechnik	$100 \cdots 10$	$5 \cdots 0,5$
Mikrotechnik	$10 \cdots 0,1$	$0,5 \cdots 0,05$
Ultramikrotechnik	$< 0,1$	$< 0,05$

7.3.2. Stofftrennung

Eindampfen einer wäßrigen Lösung

Die Abdampfschale wird höchstens bis zur Hälfte mit der Lösung gefüllt. Unter ständigem Umrühren mit einem Glasstab ist mit kleiner Famme zu erwärmen. Der Brenner wird entfernt, nachdem das Lösungsmittel bis auf geringe Reste verdampft ist. Die Reste verdampfen schnell in der noch heißen Abdampfschale. Vorsicht, Spritzgefahr!

➡ 7/3

Filtrieren

Ein gefaltetes Filter wird in einen entsprechend großen Trichter eingelegt, an die Trichterwand gedrückt und mit destilliertem Wasser befeuchtet. Die Flüssigkeit ist an einem Glasstab in das Filter zu gießen. Das Filter wird nur bis 1 cm unterhalb des Filterrands gefüllt. Nachgegossen wird erst, wenn die Flüssigkeit aus dem Filter abgelaufen ist. Das schräge Ende des Trichterrohrs soll an der Wand des Auffanggefäßes anliegen.

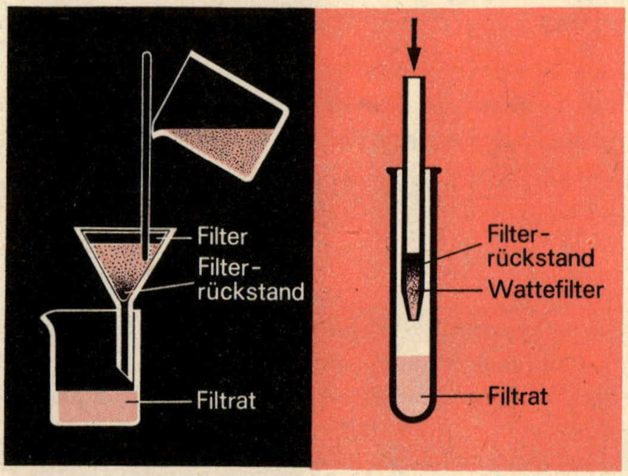

(Rechtes Bild:
Apparat für Schülerexperimente)

Destillieren

Der Destillierkolben darf höchstens bis zur Hälfte gefüllt sein. Bevor die Flüssigkeit im Destillierkolben erhitzt wird, ist der Kühlwasserzufluß zu öffnen. Das Kühlwasser muß im allgemeinen im Gegenstrom fließen. Die zu erwartende

(Rechtes Bild: Apparatur für Schülerexperimente)

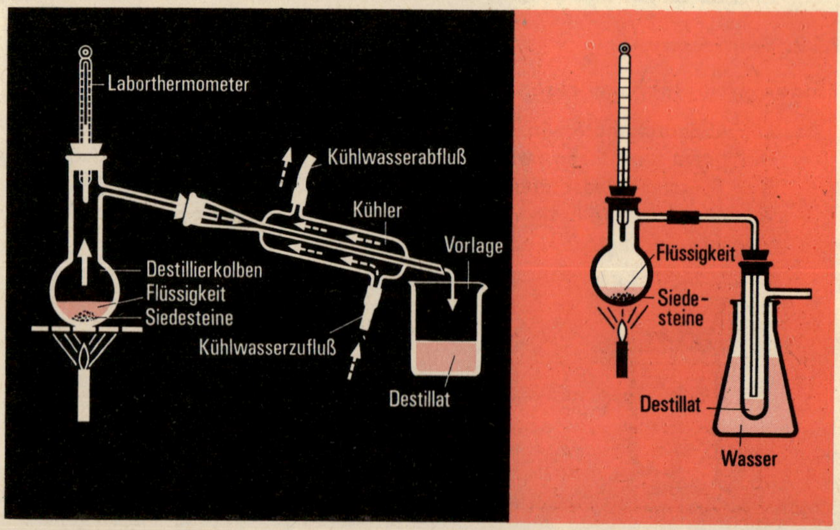

Temperatur im Destillierkolben wird mit einem Laborthermometer (Meßbereich beachten!) gemessen, dessen Ende bis kurz unter das Ansatzrohr reichen muß. Der Kolben ist zunächst vorsichtig mit größerer Flamme, beim Sieden jedoch mit kleinerer Flamme zu erwärmen. Siedeverzug wird durch Zugabe von Siedesteinen vermieden. Bei der fraktionierten Destillation ist bei Überschreiten der jeweiligen Siedebereiche die Vorlage zu wechseln. Brennbare Lösungsmittel dürfen nicht mit offener Flamme erwärmt werden!

Reinigen und Trocknen von Gasen

Gase werden vor der Verwendung meist gereinigt oder getrocknet. Flüssige Trocken- beziehungsweise Reinigungsmittel sind in Gaswaschflaschen oder Reagenzgläsern, feste in Trockenrohren einzusetzen. Das Gas wird bei Verwendung von Gaswaschflaschen in das Rohr geführt, das in die Waschflüssigkeit taucht. Überschüssige Gase, die giftig oder gefährlich sind, müssen in den Abzug geleitet oder absorbiert werden. Brennbare Gase dürfen nicht in den Abzug geleitet werden.

(Rechtes Bild: Apparate für Schülerexperimente)

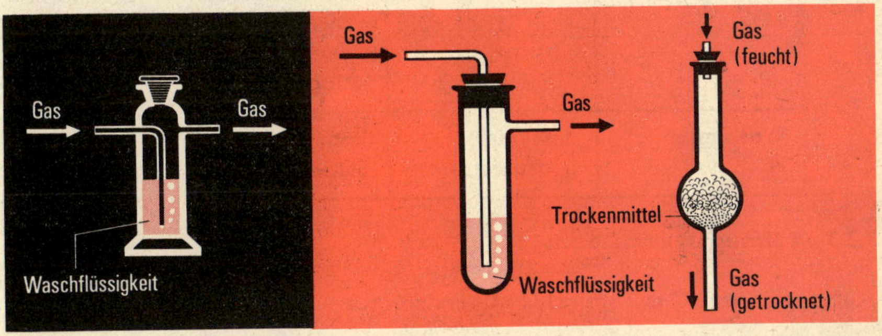

Gas	Waschflüssigkeit	Trockenmittel	Beseitigung
Äthen C_2H_4	Wasser, Natrium-hydroxidlösung		Verbrennen (Knallgasprobe!)
Chlor Cl_2	Wasser	konzentrierte Schwefelsäure oder Kalzium-chlorid	Durchleiten durch Natronkalk
Chlor-wasserstoff HCl		konzentrierte Schwefelsäure oder Kalzium-chlorid	Leiten auf Wasser

➡ 7/3

Gas	Waschflüssigkeit	Trockenmittel	Beseitigung
Kohlendioxid CO_2	Wasser	konzentrierte Schwefelsäure oder Kalziumchlorid	wenn nötig: Durchleiten durch Natronkalk
Kohlenmonoxid CO	Natriumhydroxidlösung	konzentrierte Schwefelsäure oder Kalziumchlorid	Verbrennen (Knallgasprobe!)
Sauerstoff O_2	Wasser	konzentrierte Schwefelsäure oder Kalziumchlorid	
Schwefeldioxid SO_2		konzentrierte Schwefelsäure oder Kalziumchlorid	Durchleiten durch Natronkalk
Wasserstoff H_2	Kaliumhydroxidlösung	konzentrierte Schwefelsäure	Verbrennen (Knallgasprobe!)

7.3.3. Auffangen von Gasen

Auffangen von Gasen durch Luftverdrängung

Bei Gasen mit kleinerer Dichte als Luft muß die Öffnung des Auffanggefäßes nach unten, bei größerer Dichte nach oben gerichtet sein. Das Gas ist genügend lange in das Auffanggefäß zu leiten. Bei giftigen Gasen muß unter dem Abzug gearbeitet werden.

↗ Giftige Gase S. 113

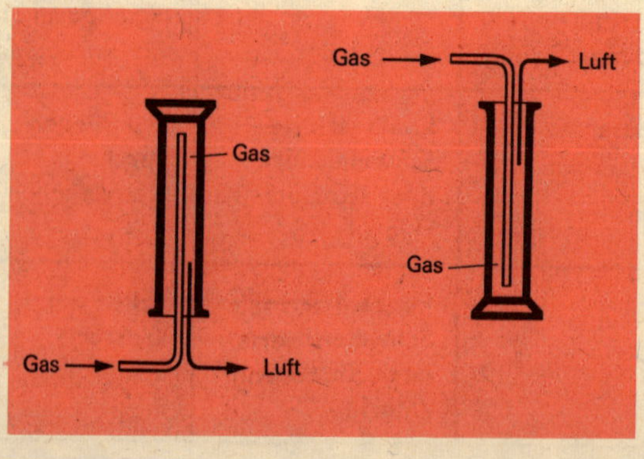

Gas	Dichte ϱ in $\frac{g}{l}$
Wasserstoff H_2 Ammoniak NH_3	0,089 0,77
Luft Chlorwasserstoff HCl Kohlendioxid CO_2 Schwefeldioxid SO_2 Schwefelwasserstoff H_2S Chlor Cl_2	1,293 1,639 1,977 2,926 1,539 3,214

Pneumatisches Auffangen von Gasen

Das Auffanggefäß für das Gas muß vollständig mit Sperrflüssigkeit gefüllt sein. Das Flüssigkeitsvolumen in der pneumatischen Wanne ist so zu bemessen, daß die aus dem Auffanggerät herausgedrückte Sperrflüssigkeit noch aufgenommen wird. Nachdem das pneumatische Auffangen beendet ist, wird das Ableitungsrohr aus der Sperrflüssigkeit genommen, damit diese nicht in das Reaktionsgefäß zurückdringen kann. Als Sperrflüssigkeiten sind nur Stoffe geeignet, in denen die Löslichkeit der betreffenden Gase gering ist.

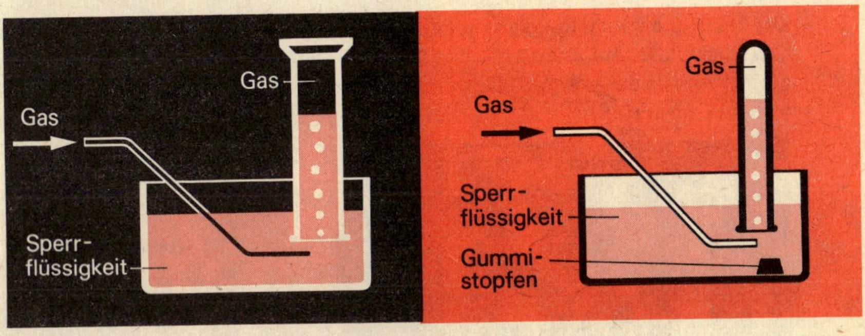

(Rechtes Bild: Apparat für Schülerexperimente)

Aufzufangendes Gas	Sperrflüssigkeit
Äthin, Äthen, Kohlenmonoxid, Methan, Sauerstoff, Stickstoff, Wasserstoff	Wasser
Chlor, Kohlendioxid, Schwefelwasserstoff	konzentrierte Natrium- chloridlösung

7.3.4. Durchführen von chemischen Reaktionen

Gasentwicklung durch Erhitzen von Stoffen

Feste Ausgangsstoffe werden im Reagenzglas und flüssige meistens im Rundkolben erhitzt. Bei Flüssigkeiten soll die Temperatur nicht zu hoch gewählt werden, damit sich nicht übermäßig Dampf entwickelt.

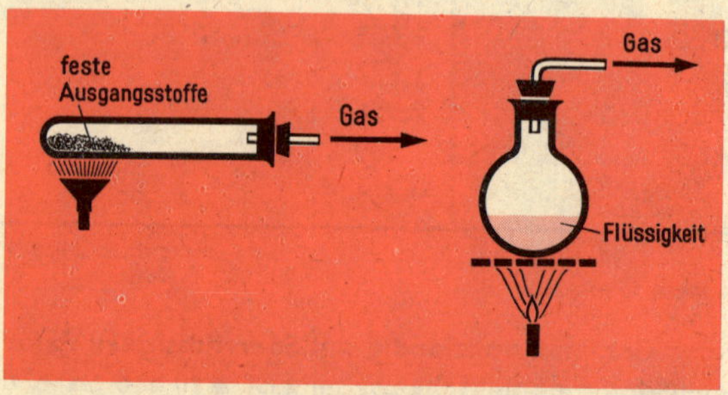

■ $MgCO_3 \longrightarrow MgO + CO_2$

Magnesium-karbonat	Magnesium-oxid	Kohlendioxid

Gasentwicklung durch Reaktion fester und flüssiger Stoffe

Die Flüssigkeit wird langsam auf den festen Stoff getropft. Wenn an die Apparatur Gaswaschflaschen anzuschließen sind, sollte ein Gasentwickler mit Druckausgleich verwendet werden. Dadurch kann Gas nicht durch den Hahn des Tropftrichters austreten.

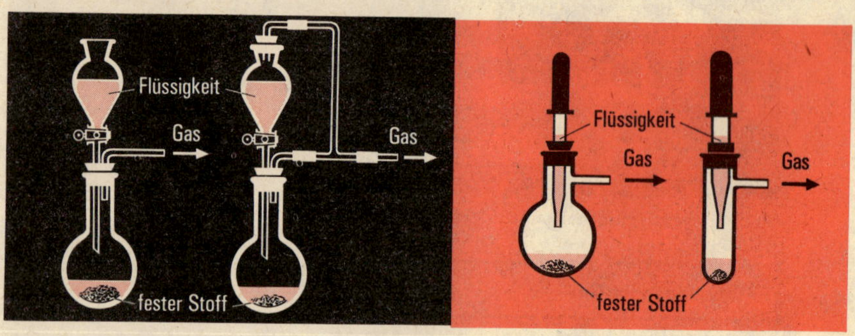

(Rechtes Bild: Apparate für Schülerexperimente)

■ $Zn + 2\,H^+ + 2\,Cl^- \longrightarrow Zn^{2+} + 2\,Cl^- + H_2$

Zink	Chlorwasser-stoffsäure	Zinkchlorid	Wasserstoff

$CaC_2 + 2\,H_2O \longrightarrow Ca(OH)_2 + C_2H_2$

Kalzium-karbid	Wasser	Kalzium-hydroxid	Äthin

Reaktion gasförmiger Stoffe mit flüssigen Stoffen

Der gasförmige Stoff wird durch ein Glasrohr in die Flüssigkeit eingeleitet. Das Glasrohr soll möglichst tief eintauchen, damit der gasförmige Stoff beim Durchperlen durch die Flüssigkeit reagieren kann. Bei Gasen, die von der Flüssigkeit stark absorbiert werden, darf das Rohr nicht eintauchen.

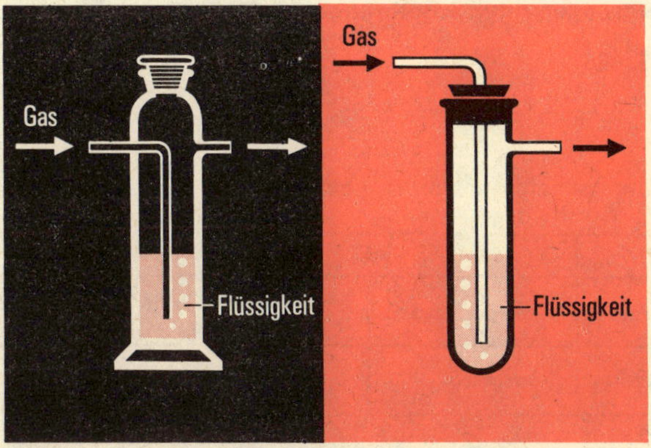

(Rechtes Bild: Apparat für Schülerexperimente)

SO_2	+	H_2O	$\rightleftharpoons$	$2\,H^+ + SO_3^{2-}$
Schwefeldioxid		Wasser		schweflige Säure

Reaktion gasförmiger Stoffe mit festen Stoffen

Gasförmige Stoffe werden in einem Reaktionsrohr über den festen Stoff geleitet. Die festen Stoffe sind im Reaktionsrohr entweder als Häufchen, in einem Porzellanschiffchen oder in einer (oft durch Glaswolle festgehaltenen) Schicht angeordnet. Sie müssen meist erhitzt werden.

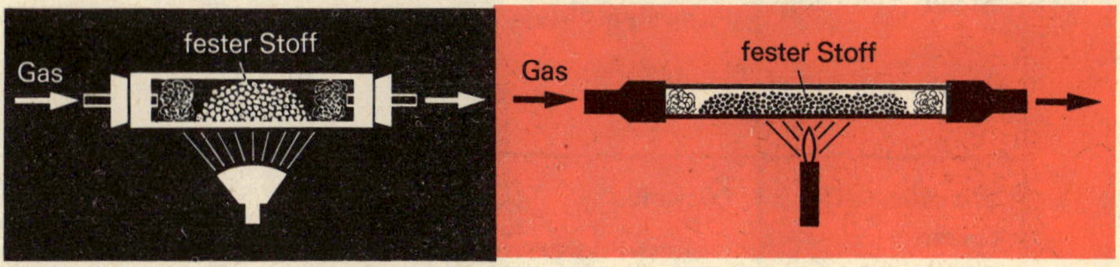

(Rechtes Bild: Apparat für Schülerexperimente)

Cl_2	+	$2\,Na$	$\longrightarrow$	$2\,NaCl$
Chlor		Natrium		Natriumchlorid
O_2	+	S	$\longrightarrow$	SO_2
Sauerstoff		Schwefel		Schwefeldioxid
CO_2	+	C	$\rightleftharpoons$	$2\,CO$
Kohlendioxid		Kohlenstoff		Kohlenmonoxid

➡ 7/4

7.4. Nachweisreaktionen

Indikator

Stoff, der durch Farbumschlag das Vorliegen frei beweglicher Wasserstoff-Ionen oder das Vorliegen frei beweglicher Hydroxid-Ionen anzeigen kann; dient zum Nachweis für Säurelösungen oder Baselösungen.

↗ Farbreaktionen S. 126

*p*H-Wert

Zahlenangabe zur Unterscheidung saurer, neutraler oder basischer Lösungen.

*p*H-Wert	0 1 2	3 4 5 6	7	8 9 10	11 12 13 14
Eigenschaft der Lösung	stark sauer	schwach sauer	neutral	schwach basisch	stark basisch
	Wasserstoff-Ionen H^+			Hydroxid-Ionen OH^-	

*p*H-Wert-Skale

Farbreaktionen

Chemische Reaktionen, bei denen durch Zusammengießen von Lösungen (bzw. Eintauchen von Indikatorpapieren) eine typische Farbänderung auftritt.

Nachweis für	Reagens	Reaktionsmerkmal
Hydroxid-Ionen	Lackmus	Färbung: blau
	Phenolphthalein	Färbung: rot
	Unitest-Papier	Färbung: Feststellung des *p*H-Wertes durch Vergleich mit Farbskale
Wasserstoff-Ionen	Lackmus	Färbung: rot
	Unitest-Papier	Färbung: Feststellung des *p*H-Wertes durch Vergleich mit Farbskale
Nitrat-Ionen	verdünnte Schwefelsäure, Eisen(II)-sulfat; konzentrierte Schwefelsäure	violette bis braune Färbung von Nitrosoeisen(II)-sulfat $[Fe(NO)]SO_4$

Fällungsreaktionen

Chemische Reaktionen, bei denen Ionen eines schwerlöslichen Salzes in der Lösung zusammentreten, so daß dieses Salz als Niederschlag ausfällt.

Nachweis für	Reagens	Reaktionsmerkmal
Blei(II)-Ionen	Schwefelwasserstoff	Fällung: schwarzes Blei(II)-sulfid $Pb^{2+} + S^{2-} \rightleftarrows PbS$
Bromid-Ionen	Silbernitratlösung, versetzt mit verdünnter Salpetersäure	Fällung: gelbliches Silberbromid $Ag^{+} + Br^{-} \rightleftarrows AgBr$ löslich in konzentrierter Ammoniaklösung
Chlorid-Ionen	Silbernitratlösung, versetzt mit verdünnter Salpetersäure	Fällung: weißes Silberchlorid $Ag^{+} + Cl^{-} \rightleftarrows AgCl$ löslich in verdünnter Ammoniaklösung
Jodid-Ionen	Silbernitratlösung, versetzt mit verdünnter Salpetersäure	Fällung: gelbes Silberjodid $Ag^{+} + I^{-} \rightleftarrows AgI$ nicht löslich in Ammoniaklösung
Kohlendioxid	Kalziumhydroxidlösung Bariumhydroxidlösung	Fällung: weißes Kalziumkarbonat $Ca^{2+} + CO_2 + 2\,OH^{-} \rightleftarrows CaCO_3 + H_2O$ Fällung: weißes Bariumkarbonat $Ba^{2+} + CO_2 + 2\,OH^{-} \rightleftarrows BaCO_3 + H_2O$
Sulfat-Ionen	Bariumchloridlösung, versetzt mit verdünnter Chlorwasserstoffsäure	Fällung: weißes Bariumsulfat $Ba^{2+} + SO_4^{2-} \rightleftarrows BaSO_4$
Sulfid-Ionen	Blei(II)-azetatlösung Blei(II)-nitratlösung	Fällung: schwarzes Blei(II)-sulfid $Pb^{2+} + S^{2-} \rightleftarrows PbS$

➡ 7/4

Nachweis von Ammoniak und Ammonium-Ionen

Nachweis für	Reagens	Reaktionsmerkmal
Ammoniak	Chlorwasserstoff	weißer Rauch von Ammoniumchlorid $NH_3 + HCl \longrightarrow NH_4Cl$
Ammonium-Ionen	Hydroxid-Ionen	Ammoniak entweicht, Prüfen mit Indikatorpapier

Identifizierungsreaktionen für organische Verbindungen

Nachweis für	Reagens	Reaktionsmerkmal
Mehrfachbindungen im Molekül	Bromwasser	Entfärbung infolge Addition mit Brom
Aldehydgruppen im Molekül	fuchsinschweflige Säure	Färbung: rotviolett (infolge Bildung einer Additionsverbindung)
Reduktionswirkung	Fehlingsche Lösung	Beim Erhitzen zunächst Verfärbung, dann ziegelroter Niederschlag von Kupfer(I)-oxid
	frische ammoniakalische Silbernitratlösung	Beim Erwärmen Schwarzfärbung durch Ausscheidung von feinverteiltem Silber bzw. Silberspiegel an der Gefäßwand
Stärke	Jod-Kaliumjodid-Lösung	Färbung: blau (durch Bildung einer Additionsverbindung)
Eiweiße	konzentrierte Salpetersäure	Färbung: gelb; bei Zusatz basischer Lösung: orange (Xanthoprotein-Reaktion)

8 Technische Chemie

8.1. Rohstoffe für die chemische Produktion

Bergbauprodukte

Rohstoff[1]	Zusammensetzung	Verwendung
Anhydrit (Gips)	Kalziumsulfat $CaSO_4$ ($CaSO_4 \cdot H_2O$)	Ausgangsstoff für die Herstellung von Schwefelsäure und Ammoniumsulfat
Braunkohle	Mineralkohle, enthält etwa 55% Wasser, etwa 40% brennbare Substanz; in der wasserfreien Kohle etwa 68% Kohlenstoff und 5% Wasserstoff.	Ausgangsstoff für die Vergasung, Verkokung und andere chemisch-technische Verfahren; Brennstoff
Erdgas	Gemisch gasförmiger Stoffe, Hauptbestandteil meist Methan, bis zu 95%	Heizgas; Ausgangsstoff für die Petrolchemie
Erdöl	Gemisch kettenförmiger und ringförmiger Kohlenwasserstoffe; 80 ··· 87% Kohlenstoff, 9 ··· 14% Wasserstoff im Rohöl	Ausgangsstoff für die Herstellung von Kraftstoffen, Schmierstoffen, Heizölen, Paraffin, Bitumen und Grundchemikalien für die Petrolchemie
Kalisalze	Kalium- und Magnesiummineralien der Salzlagerstätten; enthalten Kaliumchlorid, Magnesiumchlorid, Natriumchlorid, Magnesiumsulfat, geringer Anteil Bromide	Düngemittel; Ausgangsstoff für die Herstellung von Kaliumhydroxid, Kaliumkarbonat, Explosivstoffen, anderen Kaliumverbindungen und Brom
Kalkstein	Kalziumkarbonat $CaCO_3$; durch Ton, Eisenoxide, Siliziumdioxid und andere Stoffe verunreinigt	Ausgangsstoff für die Erzeugung von Branntkalk, Zement, Glas, Kalziumkarbid; Zuschlagstoff bei der Roheisen- und Stahlerzeugung; Düngemittel, Hilfsstoff für die Gewinnung von Zellstoff

[1] alphabetisch geordnet

➡ 8/1

Rohstoff[1]	Zusammensetzung	Verwendung
Magneteisenstein	oxidisches Eisenerz, 50 ··· 70% Eisen, enthält Eisen(II,III)-oxid Fe_3O_4	Ausgangsstoff für die Erzeugung von Roheisen; Zuschlagstoff bei der Stahlherstellung (Herdfrischen)
Pyrit	sulfidisches Eisenerz, 33 ··· 45% Eisen, 32 ··· 48% Schwefel, enthält Eisen(II)-disulfid FeS_2	Ausgangsstoff für die Erzeugung von Schwefeldioxid und Roheisen
Quarzsand	Siliziumdioxid SiO_2	Ausgangsstoff für die Herstellung von Glas; zur Herstellung von Mörtel
Roteisenstein	oxidisches Eisenerz, 35 ··· 60% Eisen, enthält Eisen(III)-oxid Fe_2O_3	Ausgangsstoff für die Erzeugung von Roheisen
Steinkohle	Mineralkohle, enthält 2 ··· 20% Wasser, etwa 90% brennbare Substanz; in der wasserfreien Kohle etwa 83% Kohlenstoff und 5% Wasserstoff.	Ausgangsstoff für die Vergasung und Verkokung; Brennstoff
Steinsalz	Mineral der Salzlagerstätten, besteht aus Natriumchlorid NaCl	Ausgangsstoff für die Erzeugung von Natriumkarbonat, Natriumhydroxid, Chlor, Chlorwasserstoffsäure und anderen Chemikalien; Hilfsstoff bei der Seifenherstellung; Zusatz zur Nahrung; Konservierungsmittel

↗ Chemisch-technische Verfahren S. 133

Landwirtschaftliche Produkte

■

Rohstoff	Zusammensetzung	Verwendung
Fette	Gemische von Glyzerolestern kettenförmiger Karbonsäuren	Nahrungsmittel; Ausgangsstoff für die Herstellung von Seifen, Anstrichmitteln, Kosmetika, Glyzerol
Holz	pflanzliches Zellgewebe; wasserfreies Holz enthält Zellulose (bis 50%), weitere Polysaccharide und andere Substanzen	Ausgangsstoff für die Herstellung von Holzkohle, Zellstoff, Papier, Äthanol, Klebstoffen, Appreturmitteln, Pech

Rohstoff	Zusammensetzung	Verwendung
Getreide, Kartoffeln, Zuckerrüben, Früchte	hoher Anteil an Stärke, Saccharose sowie anderen Disacchariden oder Monosacchariden	Nahrungsmittel; Ausgangsstoffe für die Herstellung von Stärke, Zuckerarten und für die Gärungsindustrie

↗ Fette S. 103; Kohlenhydrate S. 103

Stoffe der Luft- und Wasserhülle

Rohstoff	Zusammensetzung	Verwendung
Wasser	H_2O; enthält meist anorganische Salze und einige Gase gelöst	Reinigungsmittel, Lösungsmittel, Wärmeüberträger (Dampf), Kühlmittel; Ausgangsstoff für die Erzeugung von Löschkalk, Synthesegasen, Äthin, Äthanal; für die Spaltung von Fetten und Kohlenhydraten
Luft	Hauptbestandteile: Stickstoff, Sauerstoff, Volumenanteil Stickstoff 78,1 %, Volumenanteil Sauerstoff 20,9 %	Ausgangsstoff für Reaktionen mit Sauerstoff und Stickstoff; Kühlmittel

Sekundärrohstoffe

Produkte, die ihren ursprünglichen Gebrauchswert verloren haben, deren stoffliche Zusammensetzung jedoch weitgehend erhalten ist, oder Nebenprodukte von Produktionsverfahren. Sekundärrohstoffe werden gesammelt, aufbereitet und erneut als Rohstoffe eingesetzt.

Altstoffe	Altpapier, Alttextilien, Metallschrott, Glasbruch, Thermoplastabfälle
Produktionsabfälle	Späne, Stanz- und Preßabfälle aus Metallen, Plasten, Holz
Abprodukte	Schlacken, Aschen, Abgase, Industriehalden

8.2. Verfahrensprinzipien und Arbeitsmethoden

Kontinuierliche Arbeitsweise

Arbeitsweise bei chemisch-technischen Verfahren, bei der die Ausgangsstoffe fortlaufend den Reaktionsapparaten zugeführt werden, das Stoffgemisch unter gleichbleibenden Bedingungen ununterbrochen chemisch reagiert und die Reaktionsprodukte fortlaufend abgeführt werden.

↗ Roheisenherstellung S. 133; Kalkbrennen S. 136; Schwefelsäure-Kontaktverfahren S. 134; Ammoniaksynthese S. 135; Mischgasherstellung S. 137

Diskontinuierliche (periodische) Arbeitsweise

Arbeitsweise chemisch-technischer Verfahren, bei der Beschickung mit Ausgangsstoffen, chemische Reaktion und Entnahme der Reaktionsprodukte nacheinander in sich ständig wiederholendem Arbeitsrhythmus vorgenommen werden.

↗ Äthanolgärung S. 140

Gegenstromprinzip

Prinzip chemisch-technischer Verfahren, bei dem verschiedene Stoffe einander entgegenströmen. Gegenstrom wird angewendet, damit sich Stoffe oder Energie unter optimalen Bedingungen austauschen.

↗ Schwefelsäure-Kontaktverfahren S. 134; Ammoniaksynthese S. 135

Kreislaufprinzip

Prinzip chemisch-technischer Verfahren, bei dem nichtumgesetzte und zurückgewonnene Anteile der Ausgangsstoffe beziehungsweise Hilfsstoffe den Apparaten erneut zugeführt werden. Das Kreislaufprinzip dient zur rationellen Stoffausnutzung. Es wird häufig bei kontinuierlichen Verfahren angewendet.

↗ Ammoniaksynthese S. 135

Wirbelschichtverfahren

Arbeitsweise bei chemisch-technischen Verfahren, bei der gasförmige Ausgangsstoffe durch Düsen in den Reaktionsapparat eingeblasen werden und die festen Ausgangsstoffe dadurch aufgewirbelt und in der Schwebe gehalten werden. Die chemischen Reaktionen laufen in der Wirbelschicht ab.

↗ Schwefeldioxidherstellung S. 134; Mischgasherstellung S. 137

8.3. Chemisch-technische Verfahren

8.3.1. Verfahren zur Herstellung von Metallen

Roheisenherstellung

Ausgangsstoffe: Eisenerze
Hilfsstoffe: Koks, Luft, Zuschläge
Chemische Reaktionen: Die Eisenoxide in den Erzen werden durch Kohlenmonoxid reduziert:

$$Fe_2O_3 + 3\,CO \longrightarrow 2\,Fe + 3\,CO_2; \quad Q = -33{,}5\ kJ$$

Koks verbrennt zu Kohlendioxid; dabei entsteht die notwendige Wärme für das Schmelzen des Eisens, der Schlacke und für die chemischen Reaktionen.

$$C + O_2 \longrightarrow CO_2; \quad Q = -393{,}6\ kJ$$

Kohlendioxid wird zu Kohlenmonoxid reduziert:

$$CO_2 + C \rightleftharpoons 2\,CO; \quad Q = +172{,}5\ kJ$$

Allgemeine Prinzipien: kontinuierliche Arbeitsweise (Beschickung und Abstich jedoch diskontinuierlich), Gegenstrom
Hauptprodukt: Roheisen
Nebenprodukte: Schlacke, Gichtgas

↗ Verwendung S. 143

Reaktionsapparat: Hochofen

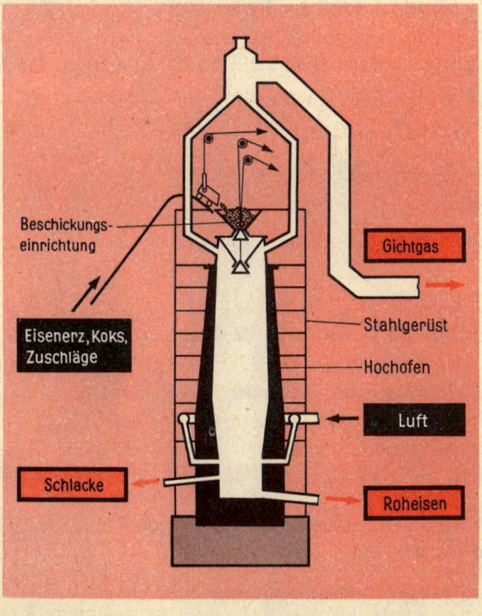

➡ 8/3

Stahlherstellung

Ausgangsstoffe: flüssiges Roheisen und Luft beziehungsweise Eisenoxide und Schrott
Hilfsstoffe: Zuschläge (z. B. Branntkalk)
Chemische Reaktionen: In dem flüssigen Roheisen werden die Begleitstoffe, vor allem Kohlenstoff, durch eingeleiteten Sauerstoff (oder Luft) beziehungsweise durch eingesetzte Oxide oxydiert oder verschlackt.

Reaktionsapparate: Siemens-Martin-Ofen; Konverter; Elektrostahlofen
Hauptprodukt: Stahl
Nebenprodukte: Schlacke, Abgase

↗ Verwendung S. 143

8.3.2. Verfahren zur Herstellung anorganischer Grundchemikalien

Schwefeldioxidherstellung aus sulfidischen Erzen

Ausgangsstoffe: sulfidische Erze (z. B. Pyrit), Luft
Chemische Reaktion: Sulfidische Erze werden bei etwa 650 °C oxydiert:

$$4\,FeS_2 + 11\,O_2 \longrightarrow 2\,Fe_2O_3 + 8\,SO_2; \quad Q = -3442\text{ kJ}$$

Reaktionsapparate: Drehrohrröstofen, Wirbelschichtofen
Produkte: schwefeldioxidhaltige Röstgase, Abbrände (z. B. Eisenoxide)

↗ Eigenschaften S. 78

Schwefeldioxidherstellung aus Anhydrit

Ausgangsstoffe: Anhydrit oder Gips, Sand, Ton, Koks
Hilfsstoffe: Kohlenstaub, Luft
Chemische Reaktion: Die Ausgangsstoffe werden auf 1 200 °C erhitzt. Dabei reagiert Kalziumsulfat mit Kohlenstoff:

$$2\,CaSO_4 + C \longrightarrow 2\,CaO + 2\,SO_2 + CO_2; \quad Q = +544{,}3\text{ kJ}$$

Aus Kalziumoxid, Ton und Sand entstehen Zementklinker.

Reaktionsapparat: Drehrohrofen
Produkte: schwefeldioxidhaltige Gase, Zementklinker

Schwefelsäure-Kontaktverfahren

Ausgangsstoffe: schwefeldioxidhaltige Gase, Luft, Wasser
Hilfsstoffe: Schwefelsäure, Katalysatoren
Chemische Reaktion: Die gereinigten und getrockneten schwefeldioxidhaltigen Gase werden zusammen mit Luft im Reaktionsapparat bei 450 °C an Vanadinmischkatalysatoren zur Reaktion gebracht:

$$2\,SO_2 + O_2 \rightleftharpoons 2\,SO_3; \quad Q = -198\text{ kJ}$$

Schwefeltrioxid wird in konzentrierte Schwefelsäure eingeleitet. Durch Zusatz von Wasser entsteht Schwefelsäure.

Reaktionsapparat: Kontaktofen mit Wärmeaustauscher

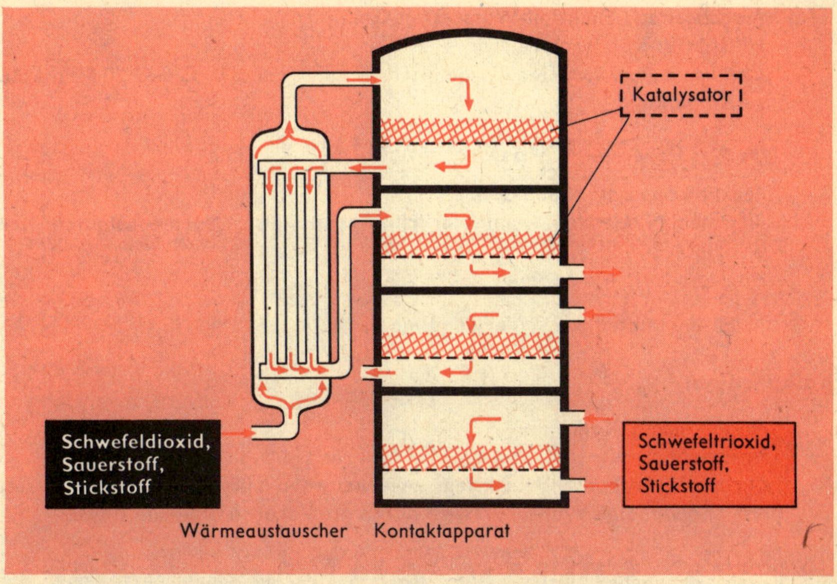

Allgemeine Prinzipien: kontinuierliche Arbeitsweise, Gegenstrom
Hauptprodukt: Schwefelsäure

↗ Eigenschaften S. 78; Verwendung S. 142

Ammoniaksynthese

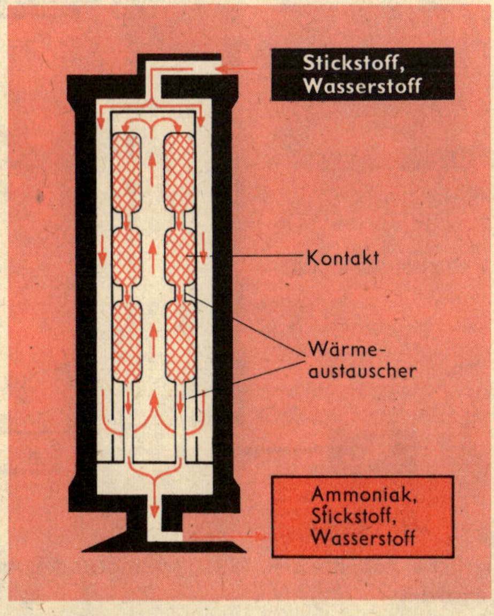

➡ 8/3

Ausgangsstoff: Stickstoff-Wasserstoff-Gemisch
Hilfsstoffe: Katalysatoren
Chemische Reaktion: Das Gasgemisch reagiert bei 500 °C und 20 MPa katalytisch zu Ammoniak:

$$N_2 + 3\,H_2 \rightleftharpoons 2\,NH_3; \quad Q = -92{,}1\ \text{kJ}$$

Reaktionsapparat: Kontaktofen
Allgemeine Prinzipien: kontinuierliche Arbeitsweise, Wärmeaustausch, Kreislaufprinzip
Hauptprodukt: Ammoniak

↗ Eigenschaften S. 75; Verwendung S. 142

Kalkbrennen

Ausgangsstoff: Kalkstein
Hilfsstoffe: Koks, Luft
Chemische Reaktionen: Kalkstein wird bei etwa 1000 °C thermisch zersetzt. Die dazu notwendige Wärme entsteht durch die Verbrennung von Koks:

$$CaCO_3 \longrightarrow CaO + CO_2; \quad Q = +178{,}8\ \text{kJ}$$

$$C + O_2 \longrightarrow CO_2; \quad Q = -393{,}6\ \text{kJ}$$

Reaktionsapparat: Schachtofen

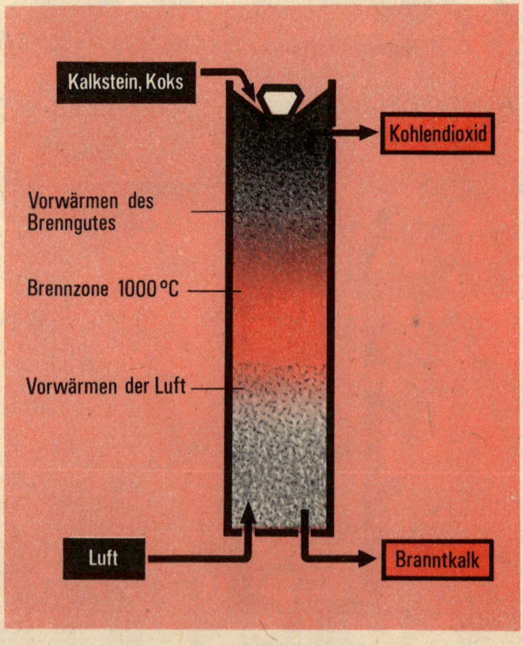

Allgemeine Prinzipien: kontinuierliche Arbeitsweise (Beschickung und Entnahme jedoch diskontinuierlich), Gegenstrom

Hauptprodukt: Branntkalk
Nebenprodukt: Kohlendioxid

↗ Eigenschaften S. 70; Verwendung S. 142

Kalklöschen

Ausgangsstoffe: Branntkalk, Wasser
Chemische Reaktion: Branntkalk reagiert in Löschsilos mit Wasser:

$$CaO + H_2O \longrightarrow Ca(OH)_2; \quad Q = -62{,}8 \text{ kJ}$$

Produkt: Löschkalk

↗ Eigenschaften S. 70

8.3.3. Veredlung von Kohle und Erdöl

Karbochemie

Hauptgebiet der technischen Chemie, das die Verfahren zur Verarbeitung von Braunkohle und Steinkohle umfaßt und die Veredlung der Kohlen und die Weiterverarbeitung der daraus erzeugten Produkte zum Ziel hat.

■ Verkokung, Vergasung.

↗ Braunkohle S. 129; Steinkohle S. 130

Petrolchemie

Hauptgebiet der technischen Chemie, das die Verfahren zur Verarbeitung von Erdöl und Erdgas umfaßt.

■ Herstellung von Plasten, Elasten, Chemiefaserstoffen, Düngemitteln, Waschrohstoffen, Pflanzenschutz- und Schädlingsbekämpfungsmitteln

↗ Erdöl S. 129; Erdgas S. 129

Verkokung der Kohle

Ausgangsstoff: Kohle
Hilfsstoffe: Heizgase, Luft
Chemische Reaktion: Erhitzen der Kohle unter Luftabschluß, dabei thermische Zersetzung und chemische Umwandlung.
Hauptprodukte: Koks, Kokereigas
Nebenprodukte: Teer, Ammoniakwasser, Benzen

↗ Verwendung S. 146

Vergasung der Kohle (Mischgasherstellung)

Ausgangsstoffe: Kohle oder Koks, Luft, Wasser, Sauerstoff
Chemische Reaktionen: Wasserdampf, Sauerstoff und glühende Kohle reagieren:

$$C + O_2 \longrightarrow CO_2; \quad Q = -393{,}6 \text{ kJ}$$

$$CO_2 + C \rightleftharpoons 2\,CO; \quad Q = +172{,}5 \text{ kJ}$$

$$C + H_2O \longrightarrow CO + H_2; \quad Q = +131{,}5 \text{ kJ}$$

➡ 8/3

Reaktionsapparat: Winkler-Generator

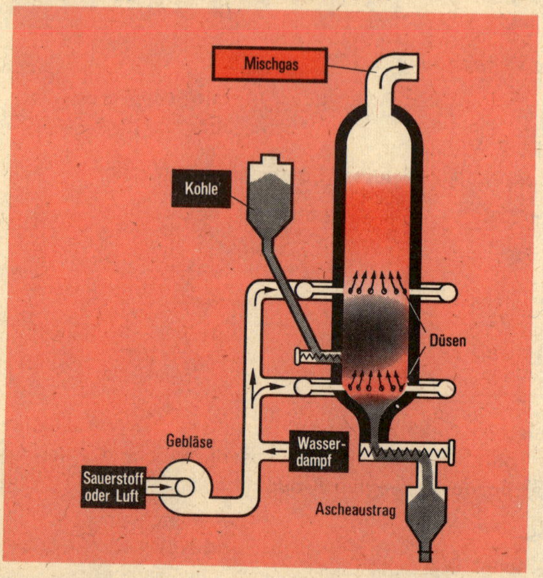

Allgemeine Prinzipien: kontinuierliche Arbeitsweise, Wirbelschicht
Hauptprodukt: Mischgas

↗ Verwendung S. 146

Aufarbeitung von Erdöl

Ausgangsstoff: Erdöl
Verfahren: Begleitstoffe (Sand, Wasser) und gasförmige Alkane werden aus dem Erdöl entfernt.
Im Röhrenofen wird das gereinigte Erdöl erhitzt und anschließend in Fraktioniertürmen durch Destillation beziehungsweise Vakuumdestillation in Destillate unterschiedlicher Siedebereiche getrennt.

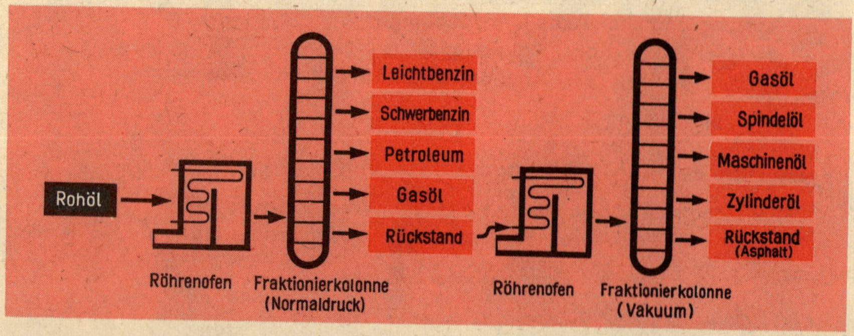

Produkte: Leichtbenzin, Schwerbenzin, Petroleum, Gasöl, Schmieröle, Bitumen.

Kracken von Erdölfraktionen

Ausgangsstoffe: höhersiedende Erdölfraktionen
Hilfsstoffe: Katalysatoren
Chemische Reaktionen: Moleküle von Kohlenwasserstoffen werden bei etwa 500 °C und unter 0,5 ··· 8 MPa Druck (katalytisch, thermisch) in kleinere gespalten:

$$C_8H_{18} \longrightarrow C_3H_8 + C_2H_4 + C_3H_6$$
$$C_{14}H_{30} \longrightarrow C_7H_{16} + 2\,C_2H_4 + C_3H_6$$
$$\underset{\text{Alkan}}{C_{10}H_{22}} \longrightarrow \underbrace{C_4H_{10} + CH_4}_{\text{Alkane}} + \underbrace{2\,C_2H_4}_{\text{Alkene}} + \underset{\text{Kohlenstoff}}{C}$$

Produkte: Gemisch von kettenförmigen Kohlenwasserstoffen mit niedriger Siedetemperatur (Alkane, Alkene) und ringförmigen Kohlenwasserstoffen (Benzen, Toluen, Xylen).

8.3.4. Verfahren zur Herstellung organischer Grundchemikalien

Karbidherstellung

Ausgangsstoffe: Branntkalk, Koks
Chemische Reaktion: Die Ausgangsstoffe Branntkalk und Koks reagieren bei etwa 2000 °C zu Kalziumkarbid und Kohlenmonoxid:

$$CaO + 3\,C \rightleftharpoons CaC_2 + CO; \qquad Q = +468{,}9\ \text{kJ}$$

Reaktionsapparat: Elektroofen

Allgemeine Prinzipien: kontinuierliche Arbeitsweise
Hauptprodukt: Kalziumkarbid
Nebenprodukt: Kohlenmonoxid

↗ Eigenschaften S. 70; Verwendung S. 144

Herstellung von Äthin (Azetylen)

Ausgangsstoffe: Kalziumkarbid, Wasser
Chemische Reaktion: Kalziumkarbid wird in geschlossenen Behältern mit Wasser zur Reaktion gebracht:

$CaC_2 + 2\,H_2O \longrightarrow Ca(OH)_2 + C_2H_2$; $Q = -142{,}4$ kJ
Hauptprodukt: Äthin
Nebenprodukt: Kalziumhydroxid
↗ Eigenschaften S. 94

Methanolsynthese

Ausgangsstoffe: Kohlenmonoxid, Wasserstoff
Hilfsstoffe: Katalysatoren
Chemische Reaktion: Synthesegas wird bei etwa 370 °C und unter 20 MPa Druck katalytisch (Zinkoxid-Chromoxid-Katalysatoren) zu Methanol umgesetzt:

$$CO + 2\,H_2 \overset{\text{Kat.}}{\rightleftharpoons} CH_3{-}OH; \quad Q = -90{,}9\ \text{kJ}$$

Hauptprodukt: Methanol
↗ Eigenschaften S. 98; Verwendung S. 144

Äthanolgärung (alkoholische Gärung)

Ausgangsstoffe: Stärke, Zellulose, Zucker, Fruchtsäfte oder Ablaugen der Zellstoffgewinnung
Hilfsstoffe: Enzyme der Hefe, Wasser
Chemische Reaktionen: Die Ausgangsstoffe werden in vergärbare Zucker übergeführt. Die zuckerhaltigen Flüssigkeiten gären in Gärkesseln unter Zusatz von Hefe bei 25 °C:

$$C_6H_{12}O_6 \xrightarrow{\text{Kat.}} 2\,C_2H_5{-}OH + 2\,CO_2$$

Aus der gewonnenen äthanolhaltigen Lösung wird Äthanol durch Destillation abgetrennt.
Hauptprodukt: Äthanol
Nebenprodukte: Hefe, Kohlendioxid, höhermolekulare Alkanole

Äthanolsynthese

Ausgangsstoffe: Äthen, Wasser
Hilfsstoffe: Katalysatoren
Chemische Reaktion: An Äthen wird katalytisch Wasser angelagert:

$$CH_2{=}CH_2 + H_2O \overset{\text{Kat.}}{\rightleftharpoons} CH_3{-}CH_2{-}OH$$

Hauptprodukt: Äthanol
↗ Eigenschaften S. 98; Verwendung S. 143

Äthansäuregärung (Essiggärung)

Ausgangsstoffe: äthanolhaltige Flüssigkeiten (Weine, vergorene Früchte), Sauerstoff (Luft)
Hilfsstoffe: Enzyme der Essigbakterien
Chemische Reaktion: Äthanol wird biochemisch zu Äthansäure (Essigsäure) oxydiert:

$$CH_3{-}CH_2{-}OH + O_2 \xrightarrow{\text{Kat.}} CH_3{-}COOH + H_2O$$

Hauptprodukt: Äthansäure
↗ Eigenschaften S. 102; Verwendung S. 143

8.3.5. Verfahren zur Herstellung von makromolekularen Werkstoffen

Herstellung von Polyvinylchlorid (PVC)

Ausgangsstoffe: Äthin, Chlorwasserstoff
Hilfsstoffe: Katalysatoren
Chemische Reaktion: Äthin reagiert katalytisch mit Chlorwasserstoff zu Chloräthen (Vinylchlorid):

$$HC{\equiv}CH + HCl \xrightarrow{\text{Kat.}} \underset{\text{Vinylchlorid}}{CH_2{=}CHCl}$$

Chloräthen wird katalytisch polymerisiert:

$$n\,CH_2{=}CHCl \xrightarrow{\text{Kat.}} \underset{\text{Polyvinylchlorid}}{[-CH_2-CHCl-]_n}$$

Aus der Emulsion entsteht durch Zerstäubungstrocknung PVC-Pulver.
Hauptprodukt: PVC-Pulver

↗ Eigenschaften S. 106; Verwendung S. 145

Herstellung von Polyäthylen

Ausgangsstoff: Äthen
Hilfsstoffe: Katalysatoren
Chemische Reaktion: Äthen wird katalytisch polymerisiert:

$$n\,CH_2{=}CH_2 \xrightarrow{\text{Kat.}} \underset{\text{Polyäthylen}}{[-CH_2-CH_2-]_n}$$

Hauptprodukt: Polyäthylen

↗ Eigenschaften S. 106; Verwendung S. 145

Herstellung von Phenoplasten

Ausgangsstoffe: Phenol, Methanal
Hilfsstoffe: Katalysatoren
Chemische Reaktionen: Ausgangsstoffe und Katalysatoren werden gemischt und umgesetzt, bis die Kondensation einsetzt. In der 1. Kondensationsstufe entstehen kettenförmige Makromoleküle; in der 2. Kondensationsstufe entstehen Produkte mit räumlicher Vernetzung.
Hauptprodukt: Phenolharze (härten bei weiterer Verarbeitung aus).

↗ Eigenschaften S. 106; Verwendung S. 145

Kautschuksynthese

Ausgangsstoffe: verschiedene Kohlenwasserstoffe und andere Stoffe
Hilfsstoffe: Katalysatoren
Chemische Reaktion: Aus den Ausgangsstoffen wird über mehrere Zwischenprodukte Buta-1,3-dien hergestellt, das dann zu einem synthetischen Kautschuk polymerisiert wird:

$$n\,CH_2{=}CH-CH{=}CH_2 \longrightarrow [-CH_2-CH{=}CH-CH_2-]_n$$

➡ 8/4

Buta-1,3-dien wird auch mit anderen Stoffen, wie Styren, Akrylnitril, zu Mischpolymerisaten verarbeitet.
Hauptprodukt: Synthesekautschuk

↗ Gummi S. 145

8.4. Industrieprodukte

Anorganische Grundchemikalien

Anorganische Stoffe, die industriell hergestellt und vorzugsweise als Ausgangsstoffe für chemisch-technische Verfahren verwendet werden.

■

Name	Zusammensetzung	Verwendung
Ammoniak	NH_3	Herstellung von Salpetersäure, Düngemitteln, Soda; Kühlmittel
Ätznatron	Natriumhydroxid $NaOH$	Herstellung von Seifen und Chemikalien; Hilfsstoff zur Zellstoffherstellung und zur Reinigung von Fetten und Mineralölen
Branntkalk	Kalziumoxid CaO	Zuschlagstoff bei der Stahlerzeugung; Hilfsstoff bei der Zuckergewinnung und für die Sodaerzeugung; zur Herstellung von Löschkalk und Kalziumkarbid; zur Bodenkalkung
Chlor	Cl_2	Herstellung von Plasten, Farbstoffen, Arzneimitteln, Schädlingsbekämpfungsmitteln; Desinfektions- und Bleichmittel
Salpetersäure	HNO_3	Herstellung von Düngemitteln, Farbstoffen, Lacken, Plasten, Arzneimitteln, Explosivstoffen, Chemiefaserstoffen
Schwefel	S	Herstellung von Schwefeldioxid, Kohlendisulfid, Farbstoffen, Arzneimitteln, Desinfektionsmitteln, Schädlingsbekämpfungsmitteln; Vulkanisation von Kautschuk
Schwefelsäure	H_2SO_4	Herstellung von Düngemitteln, Farbstoffen, Chemiefaserstoffen, Plasten, Arzneimitteln; Aufbereitung von Erzen; Reinigung von Erdöl; Trockenmittel
Soda	Natriumkarbonat Na_2CO_3	Herstellung von Seifen, Glas, Natriumverbindungen, Düngemitteln

Name	Zusammensetzung	Verwendung
Wasserstoff	H_2	Synthese von Ammoniak, Kohlenwasserstoffen, Methanol, Chlorwasserstoffsäure; autogenes Schweißen und Schneiden

Eisen und Stahl

Name	Zusammensetzung	Verwendung
Roheisen	Eisen-Kohlenstoff-Legierung mit etwa 4% Kohlenstoff; graues Roheisen weißes Roheisen	Gußeisen Ausgangsstoff für die Stahlerzeugung
Stahl	Eisen-Kohlenstoff-Legierungen; bis 1,7% Kohlenstoff; Zusätze von Legierungsmetallen wie Mangan, Chrom, Nickel	Herstellung von Stahlerzeugnissen durch Gießen, Walzen, Ziehen, Schmieden

Organische Grundchemikalien

Organische Stoffe, die industriell hergestellt und vorzugsweise für chemisch-technische Verfahren verwendet werden.

Name	Zusammensetzung	Verwendung
Äthanal (Azetaldehyd)	CH_3CHO	Zwischenprodukt zur Herstellung von synthetischem Kautschuk, Äthanol, Äthansäure, Farbstoffen, Arzneimitteln
Äthanol	C_2H_5OH	Lösungsmittel, Brennstoff, Zusatz zu Kraftstoffen, Raketentreibstoff; Ausgangsstoff für chemisch-technische Verfahren
Äthansäure (Essigsäure)	CH_3COOH	Herstellung von Chemiefaserstoffen, Sicherheitsfilmen, Farbstoffen, Arzneimitteln, Riechstoffen, Lösungsmitteln; Speisewürze und Konservierungsmittel

➡ 8/4

Name	Zusammensetzung	Verwendung
Benzen (Benzol)	C_6H_6	Lösungsmittel; Zusatz für Kraftstoffe; Herstellung von Schädlingsbekämpfungsmitteln, Chemiefaserstoffen, Farbstoffen, Arzneimitteln, Waschmitteln, synthetischem Kautschuk
Harnstoff	$CO(NH_2)_2$	Herstellung von Aminoplasten, Medikamenten; Zusatz zum Viehfutter, Düngemittel
Kalziumkarbid	CaC_2	Herstellung von Kalkstickstoff, Plasten, synthetischem Kautschuk, Chemiefaserstoffen, Lösungsmitteln, Arzneimitteln, Äthanol, Äthansäure
Methanal (Formaldehyd)	HCHO	Desinfektionsmittel, Konservierungsmittel; Herstellung von Plasten
Methanol	CH_3OH	Lösungsmittel, Brennstoff, Zusatz zu Kraftstoffen; Ausgangsstoff für chemisch-technische Verfahren
Methansäure (Ameisensäure)	HCOOH	Desinfektionsmittel, Konservierungsmittel; in der Textilveredlung und Gerberei
Paraffin	Gemisch fester Alkane	Herstellung von Kerzen, Polituren, Kunstblumen, Fettsäuren, Waschmitteln; Isolierstoff, Imprägnierungsmittel, Salbengrundlage
Phenol	C_6H_5OH	Herstellung von Plasten, Chemiefaserstoffen, Schädlingsbekämpfungsmitteln, Gerbstoffen, Farbstoffen, Arzneimitteln
Zellstoff	fast reine Zellulose	Herstellung von Chemiefaserstoffen, Papier, Folien, Plasten, Kleb- und Appreturmitteln, Lacken, Explosivstoffen, Verbandmaterial

Plaste, Elaste, Chemiefaserstoffe

Name	Zusammensetzung	Verwendung
Aminoplaste	Polykondensationsprodukte von Aminen (oder Harnstoff) und Methanal	Herstellung von Lacken, Leimen, Kitten, Schichtpreßstoffen, Preßmassen, Isolierstoffen
Gummi	Synthesekautschuk (Buna) oder Naturkautschuk, mit Schwefel vulkanisiert; Elast	Fahrzeugreifen, Regen- und Arbeitsschutzbekleidung, Schläuche, Treibriemen, Massenbedarfsartikel
Phenoplaste	Polykondensationsprodukte von Phenol (bzw. seinen Homologen) und Methanal	Herstellung von Gießharzen, Lacken, Leimen, Kitten, Schichtpreßstoffen, Preßmassen
Polyvinylchlorid (PVC)	Polymerisationsprodukt von Vinylchlorid	Herstellung von Armaturen, Rohrleitungen, Apparaten für die chemische Industrie, Verpackungsmaterial, Haushaltgeräten, Platten, Folien, Fußbodenbelag, Schläuchen; Isolierstoff für die Elektrotechnik
Polyakrylnitril (PAN)	Polymerisationsprodukt von Akrylnitril	Chemiefaserstoff (Wolpryla)
Polyamide (PA)	Produkte der Polykondensation und Polymerisation von Kaprolaktam oder anderen Stoffen	Herstellung von Formteilen für die Industrie, Massenbedarfsartikeln, Möbelbeschlägen, Armaturen, Haushaltgeräten, Seilen, Folien; Chemiefaserstoff (Dederon, Nylon)
Polyäthylen (Polyethylen)	Polymerisationsprodukt des Äthens	Herstellung von Haushaltgeräten, Verpackungsmaterial, Rohren, Schläuchen; Isolierstoff in der Elektrotechnik
Polyester (PE)	Polykondensationsprodukte von Estern der Terephthalsäure und Äthandiol	Herstellung von Formteilen für die Industrie, Bootskörpern, Karosserieteilen, Badewannen; Chemiefaserstoff (Grisuten)
Polystyren (Polystyrol, PS)	Polymerisationsprodukt des Styrens	Herstellung von Haushaltgeräten, Spielwaren, Verpackungsmaterial, Formteilen für die Industrie; als Isolierschaumstoff

↗ Makromolekulare Werkstoffe S. 106

➡ 8/4

Heizgase und Synthesegase

Gase, die auf Grund ihrer Zusammensetzung als Ausgangsstoffe für chemisch-technische Synthesen oder zur Erzeugung von Wärme genutzt werden können.

Name	Volumenanteile	Verwendung
Braunkohlen-kokereigas	etwa 35% Wasserstoff, etwa 20% Kohlenmonoxid, etwa 15% Methan, etwa 18% Kohlendioxid, etwa 11% Stickstoff	Stadtgas, Industriegas
Mischgas	etwa 38% Wasserstoff, etwa 18% Kohlenmonoxid, etwa 10% Methan, etwa 30% Kohlendioxid	Industriegas
Steinkohlen-kokereigas	etwa 50% Wasserstoff, etwa 30% Methan, etwa 10% Kohlenmonoxid	Stadtgas, Industriegas
Erdgas	bis zu 95% Methan	Industriegas, Stadtgas

Kraftstoffe

Brennbare Stoffe, die zum Betrieb von Verbrennungsmotoren verwendbar sind.

Name	Zusammensetzung	Verwendung
Diesel-kraftstoff	Gemisch aus Alkanen und ringförmigen Kohlenwasserstoffen des Siedebereichs 190 ··· 345 °C	Dieselmotoren
Vergaser-kraftstoff	Gemisch aus Alkanen (Pentan bis Dodekan), ringförmigen Kohlenwasserstoffen und Antiklopfmitteln	Ottomotoren
Flüssiggas	Gemisch von Propan und Butan, durch Druck bis 2,5 MPa verflüssigt	Ottomotoren

8.5. Chemische Industrie der DDR

Chemische Industrie

Strukturbestimmender Industriebereich der DDR, der durch chemisch-technische Verfahren Werkstoffe, Hilfsstoffe, Energieträger und andere Erzeugnisse für alle Wirtschaftsbereiche sowie für den unmittelbaren Bevölkerungsbedarf erzeugt.

Leitung: Ministerium für chemische Industrie, Sitz Berlin
Struktur: Kombinate

Kombinat

Leistungsfähige Wirtschaftseinheit, in dem ein Rohstoffkomplex zur Erzeugung verschiedener Produkte ausgenutzt wird, oder in dem verschiedene Teilbetriebe mit ähnlichen technischen Verfahren zusammengefaßt sind.
Durch Kombinatsbildung werden rationelle Ausnutzung der Rohstoffe, Kontinuität des Produktionsprozesses, bessere Koordinierung der Produktion und Senkung der Kosten durch Konzentration der Produktion erreicht.

Kombinat	Hauptprodukte
VEB Leunawerke „Walter Ulbricht"	Stickstoffprodukte, Kraftstoffe, Lösungsmittel, Plaste, Vor- und Hilfsprodukte für Plaste und Chemiefaserstoffe, Waschmittel und Textilhilfsmittel, Klebstoffe, Katalysatoren, Chemikalien
VEB Chemische Werke Buna, Schkopau	Synthesekautschuk, PVC, Lösungsmittel, Weichmacher, Textilhilfsmittel, Leime, Katalysatoren
VEB Chemiekombinat Bitterfeld	Aluminium, Chemikalien, Düngemittel, Pflanzenschutz- und Schädlingsbekämpfungsmittel, Farbstoffe, Textil- und Lederhilfsmittel, Wasch- und Reinigungsmittel, PVC, pharmazeutische Produkte
VEB Chemiefaserkombinat Schwarza „Wilhelm Pieck"	Chemiefaserstoffe
VEB Petrolchemisches Kombinat Schwedt	Kraftstoffe, Schmierstoffe, Heizöle, Paraffine, Bitumen, Petrolchemikalien
VEB Filmfabrik Wolfen, Fotochemisches Kombinat	Filme, Fotopapiere, Fotochemikalien, Chemiefaserstoffe

➡ 8/5

Industrielle Warenproduktion, Beschäftigte und Betriebe der Industriebereiche der DDR 1985[1]

Industriebereich	Warenproduktion in Mio M effektive Preise	Arbeiter und Angestellte (ohne Lehrlinge)	Anzahl der Betriebe
Energie- und Brennstoffindustrie	63 894	225 300	49
Chemische Industrie	**103 565**	**343 734**	**260**
Metallurgie	49 384	139 295	43
Baumaterialienindustrie	10 280	94 492	145
Wasserwirtschaft	3 087	24 735	16
Maschinen- und Fahrzeugbau	99 167	973 283	1 193
Elektrotechnik/Elektronik/Gerätebau	44 411	466 858	315
Leichtindustrie (ohne Textilindustrie)	49 902	495 363	774
Textilindustrie	30 517	221 188	174
Lebensmittelindustrie	70 636	277 604	557
zusammen	**524 844**	**3 261 852**	**3 526**

[1] Zahlenangaben nach dem Statistischen Jahrbuch der DDR 1986

Anhang

A

Wichtige Forschungen und Entdeckungen auf dem Gebiete der Chemie

1748 Entdeckung des Gesetzes von der Erhaltung der Masse durch den russischen Wissenschaftler *Michail Wassiliewitsch Lomonossow* (1711 bis 1765).

1772 Entdeckung des Sauerstoffs durch den deutschen Chemiker *Carl Wilhelm Scheele* (1742 bis 1786) und 1774 durch den englischen Chemiker *Joseph Priestley* (1733 bis 1804).

1777 Erklärung des Verbrennungsvorgangs durch den französischen Chemiker *Antoine Laurent Lavoisier* (1743 bis 1794) als Reaktion mit Sauerstoff.

1785 Endgültige Formulierung des Gesetzes von der Erhaltung der Masse durch den französischen Chemiker *Antoine Laurent Lavoisier* (1743 bis 1794).

↗ Gesetz von der Erhaltung der Masse S. 39

1803 Aufstellung einer Atomhypothese durch den englischen Naturforscher *John Dalton* (1766 bis 1844), wonach jedes Element aus gleichen kleinsten Teilchen, den Atomen, aufgebaut ist.

1811 Entdeckung des Zusammenhangs zwischen den Volumen aller Gase bei gleicher Temperatur und gleichem Druck und der Anzahl von Teilchen durch den italienischen Physiker *Amadeo Avogadro* (1776 bis 1856).

↗ molares Volumen S. 54

1815 Vorschlag zur Einführung der heute gebräuchlichen chemischen Zeichensprache durch den schwedischen Chemiker *Jöns Jakob Berzelius* (1779 bis 1848).

↗ chemische Zeichensprache S. 13

1824 Synthetische Herstellung der organischen Verbindung Oxalsäure durch den deutschen Chemiker *Friedrich Wöhler* (1800 bis 1882).

1828 Synthetische Herstellung der organischen Verbindung Harnstoff aus einer anorganischen Verbindung durch den deutschen Chemiker *Friedrich Wöhler* (1800 bis 1882).

1829 Versuch einer Ordnung der chemischen Elemente in Triaden durch den deutschen Chemiker *Johann Wolfgang Doebereiner* (1780 bis 1849).

➡ A

1835 Einführung des Begriffs Katalyse durch den schwedischen Chemiker *Jöns Jakob Berzelius* (1779 bis 1848).

um 1840 Grundlegende Erkenntnisse auf dem Gebiet der Pflanzenernährung und Bodenkunde durch den deutschen Chemiker *Justus von Liebig* (1803 bis 1873).

1842 Aufstellung der homologen Reihen der Kohlenwasserstoffe durch den deutschen Chemiker *Jakob Schiel*.

1845 Synthetische Herstellung der Essigsäure durch den deutschen Chemiker *Hermann Kolbe* (1818 bis 1884).

1861 Synthetische Herstellung von Zuckerarten durch den russischen Chemiker *Alexander Michailowitsch Butlerow* (1828 bis 1886).

1858 bis 1861 Entwicklung der Strukturlehre durch den deutschen Chemiker *August Kekulé von Stradonitz* (1829 bis 1896) und den englischen Chemiker *Archibald Couper* (1831 bis 1892); Aufklärung des Zusammenhangs zwischen Eigenschaften und Struktur organischer Verbindungen durch den russischen Chemiker *Alexander Michailowitsch Butlerow* (1828 bis 1886).

1864 Nachweis, daß die vier Wertigkeiten des Kohlenstoffatoms gleich sind, durch den deutschen Chemiker *Carl Schorlemmer* (1834 bis 1892).

1865 Aufstellung einer Strukturformel des Benzens durch den deutschen Chemiker *August Kekulé von Stradonitz* (1829 bis 1896).

1869 Entdeckung des Gesetzes der Periodizität und Systematisierung der chemischen Elemente im Periodensystem durch den russischen Chemiker *Dmitri Iwanowitsch Mendelejew* (1834 bis 1907).

1869 Systematisierung der chemischen Elemente auf der Grundlage ihrer relativen Atommassen durch den deutschen Chemiker *Lothar Meyer* (1830 bis 1895).

1883 Entdeckung der elektrischen Leitfähigkeit wäßriger Lösungen von Säuren und Basen durch den schwedischen Chemiker *Svante Arrhenius* (1859 bis 1927; Nobelpreis 1903).

1883 Entwicklung der Lehre von der Reaktionsgeschwindigkeit durch den niederländischen Chemiker *Jacobus Henricus van't Hoff* (1852 bis 1911; Nobelpreis 1901).

↗ Reaktionsgeschwindigkeit S. 42

1884 Formulierung der Abhängigkeit des chemischen Gleichgewichts von den Reaktionsbedingungen durch den französischen Physiker und Chemiker *Henry Louis Le Chatelier* (1850 bis 1936) in dem nach ihm benannten Prinzip.

1887 Aufstellung einer Theorie über die Vorgänge bei der Dissoziation in wäßrigen Lösungen durch den schwedischen Chemiker *Svante Arrhenius* (1859 bis 1927; Nobelpreis 1903). Definition der Begriffe Säure, Base und Salz.

↗ Dissoziation S. 48; Säure S. 62; Base S. 62

1894 bis 1898 Entdeckung der Edelgase durch den englischen Chemiker *William Ramsay* (1852 bis 1916; Nobelpreis 1904) und den englischen Physiker Lord *John William Rayleigh* (1842 bis 1919; Nobelpreis 1904).

1898 Entdeckung der Elemente Radium und Polonium durch das polnisch-französische Physikerehepaar *Marie Curie* (1867 bis 1934; Nobelpreis 1903 und 1911) und *Pierre Curie* (1859 bis 1906; Nobelpreis 1903).

um 1900 Entwicklung der Grundlagen des chemisch-technischen Verfahrens zur Schwefelsäureherstellung durch die deutschen Chemiker *Clemens Winkler* (1838 bis 1904) und *Rudolf Knietsch* (1854 bis 1906).

↗ Schwefelsäure-Kontaktverfahren S. 134

1903 bis 1907 Synthetische Darstellung von Peptiden aus 2-Aminosäuren durch den deutschen Chemiker *Emil Fischer* (1852 bis 1919; Nobelpreis 1902); Nachweis der 2-Aminosäuren als Grundbausteine der Eiweiße.

1907 Technische Nutzung der Polykondensation von Phenol und Methanal zur Herstellung von Phenoplasten durch den belgischen Chemiker *Leo Hendrik Baekeland* (1863 bis 1944).

↗ Herstellung von Phenoplasten S. 141

1909 Einführung des Begriffs pH-Wert durch *Paul Lauritz Sörensen* (1868 bis 1939).

↗ pH-Wert S. 126

um 1910 Ausarbeitung der Grundlagen des chemisch-technischen Verfahrens zur Ammoniaksynthese durch die deutschen Chemiker *Fritz Haber* (1868 bis 1934; Nobelpreis 1918) und *Carl Bosch* (1874 bis 1940; Nobelpreis 1931).

↗ Ammoniaksynthese S. 135

1911 Entwicklung des Planetenmodells vom Atom durch den englischen Physiker *Ernest Rutherford* (1871 bis 1937; Nobelpreis 1908).

1913 Technische Polymerisation von Chloräthen (Vinylchlorid) zu Polyvinylchlorid durch den deutschen Chemiker *Fritz Klatte* (1880 bis 1934).

1913 Entwicklung des Bahnenmodells vom Atom durch den dänischen Physiker *Niels Bohr* (1885 bis 1962; Nobelpreis 1922).

➡ A

1916 Ausarbeitung von Beiträgen zur Theorie der Ionenbeziehung und der Atombindung durch den deutschen Pyhsikochemiker *Walter Kossel* (1888 bis 1956) und den amerikanischen Physikochemiker *Gilbert Newton Lewis* (1875 bis 1946).

↗ Atombindung S. 26; Ionenbeziehung S. 28

1920 bis 1930 Wichtige Forschungen über den Atombau, die zu unserem heutigen Atommodell führten, durch den französischen Physiker *Louis de Broglie* (geb. 1892; Nobelpreis 1929), den österreichischen Physiker *Erwin Schrödinger* (1887 bis 1961; Nobelpreis 1933), die deutschen Physiker *Max Born* (1882 bis 1970; Nobelpreis 1954) und *Werner Heisenberg* (1901 bis 1976; Nobelpreis 1932) sowie den englischen Physiker *Paul Adrien Maurice Dirac* (geb. 1902; Nobelpreis 1933).

↗ Atommodelle S. 21

1922 Nachweis der Zusammensetzung von Kautschuk und anderen natürlichen und synthetischen Werkstoffen als makromolekulare Stoffe durch den deutschen Chemiker *Hermann Staudinger* (1881 bis 1965; Nobelpreis 1953).

1932 Entdeckung des Neutrons durch den englischen Physiker *James Chadwick* (geb. 1891; Nobelpreis 1935).

↗ Neutron S. 23

1939 Erklärung der chemischen Bindung mit Hilfe der Elektronegativitätstabelle durch den amerikanischen Chemiker *Linus Pauling* (geb. 1901; Nobelpreis 1954).

↗ Elektronegativitätswerte im Periodensystem der Elemente

1939 Technische Herstellung des Chemiefaserstoffs Nylon auf Grund der Arbeiten des amerikanischen Chemikers *Wallace Hume Carothers* (1896 bis 1937).

1940 Technische Herstellung des Chemiefaserstoffs Perlon auf Grund der Arbeiten des deutschen Chemikers *Paul Schlack*.

↗ Polyamide S. 145

1951 Entwicklung eines Modells einer Polypeptidstruktur durch den amerikanischen Chemiker *Linus Pauling* (geb. 1901; Nobelpreis 1954).

↗ Proteine S. 105

um 1954 Erforschung des Mechanismus chemischer Reaktionen durch den sowjetischen Physikochemiker *Nikolai Nikolajewitsch Semjonow* (geb. 1896; Nobelpreis 1956) und den englischen Physikochemiker *Cyril Norman Hinshelwood* (1897 bis 1967; Nobelpreis 1956).

Register

A

B

C

D

E

F

➡ R

Periodensystem der

Periode	I. Hauptgruppe	I. Nebengruppe	II. Hauptgruppe	II. Nebengruppe	III. Hauptgruppe	III. Nebengruppe	IV. Hauptgruppe	IV. Nebengruppe	Hauptg
1	1 1,008 2,1 H Wasserstoff								
2	3 6,94 1,0 Li Lithium		4 9,01 1,5 Be Beryllium		5 10,81 2,0 B Bor		6 12,01 2,5 C Kohlenstoff		7 3,0 Sticksto
3	11 22,99 0,9 Na Natrium		12 24,31 1,2 Mg Magnesium		13 26,98 1,5 Al Aluminium		14 28,09 1,8 Si Silizium		15 2,1 Phosph
4	19 39,10 0,8 K Kalium		20 40,08 1,0 Ca Kalzium			21 44,96 1,3 Sc Skandium		22 47,90 1,5 Ti Titan	
		29 63,55 1,9 Cu Kupfer		30 65,38 1,6 Zn Zink	31 69,72 1,6 Ga Gallium		32 72,59 1,8 Ge Germanium		33 2,0 Arsen
5	37 85,47 0,8 Rb Rubidium		38 87,62 1,0 Sr Strontium			39 88,91 1,3 Y Yttrium		40 91,22 1,4 Zr Zirkonium	
		47 107,87 1,9 Ag Silber		48 112,40 1,7 Cd Kadmium	49 114,82 1,7 In Indium		50 118,69 1,8 Sn Zinn		51 1,9 Antimon
6	55 132,91 0,7 Cs Zäsium		56 137,34 0,9 Ba Barium			57* 138,91 1,1 La Lanthan		72 178,49 1,3 Hf Hafnium	
		79 196,97 2,4 Au Gold		80 200,59 1,9 Hg Quecksilber	81 204,37 1,8 Tl Thallium		82 207,2 1,8 Pb Blei		83 2 1,9 Wismut
7	87 [223] 0,7 Fr Franzium		88 [226,02] 0,9 Ra Radium			89** [227] 1,1 Ac Aktinium		104 [261] (Ku) Kurtschatovium	

* Lanthanide

6	58 140,12 1,1 Ce Zer	59 140,91 1,1 Pr Praseodym	60 144,24 1,1 Nd Neodym	61 [145] 1,1 Pm Promethium	62 15 1,2 S Samarium

** Aktinide

7	90 232,04 1,3 Th Thorium	91 231,03 1,5 Pa Protaktinium	92 238,03 1,7 U Uran	93 237,05 1,3 Np Neptunium	94 1,3 P Plutonium

Eigenschaften der Oxide:
- basisch
- basisch/sauer
- sauer
- Edelgase

Schlüssel

7 14,007 3,0 N Stickstoff

Ordnungszahl, relative Atommasse, Elektronegativitätswert, Farbe, Name, Symbol